Luthers
Trostkiste

Edition Meistertricks
Berlin 2017

Zeichnungen: Ferdinand Georg
Design: Nancy Wittmann
Schrift: Sanford Book
Druck: Prototyp Print
ISBN 978-3-945788-07-3

www.meistertricks.de

Ralf Lengen

Luthers Trostkiste

Leichter Krisen überwinden mit dem Reformator

Inhalt

Einführung

Wie ich Luthers Trostkiste entdeckte? Dafür gibt es einen freudigen Anlass. Und ein Ziel habe ich auch: dass Sie getröstet werden. So wie ich.

„Ich sehe es als höchsten Beweis Deiner Gunst mir gegenüber an, wenn Du meinen Trost annimmst.“

Trost für mich, Trost für Sie

Luther hat viel zu sagen. Viel Gutes. Auch und besonders für Menschen, die traurig sind. Das durfte ich erfahren. Ich hoffe, seine Trostkiste hilft auch Ihnen.

Ein freudiger Anlass

2017: 500 Jahre Reformation! Ein freudiger Anlass, ein Buch mit Tipps und Tricks des Reformators zu schreiben. Das hatte ich ohnehin seit Jahren vor. Ist doch Martin Luther – nach Salomo – einer meiner Lieblingsmeister. Als ich Luther daraufhin intensiver studierte, fiel mir schnell auf: „Trost" ist eines der zentralen Themen in seinen Schriften (siehe das Kapitel „Luther als Tröster"). Ich konnte mir jedoch kaum vorstellen, dass heutzutage jemand Trost sucht, indem er sich durch die Schriften Luthers – ich hätte beinahe gesagt: „quält". Zudem scheinen mir für ein leichteres Verständnis zusammenfassende Überschriften und Erläuterungen unerlässlich zu sein. Denn als ich einer Testperson begeistert ein tröstendes Lutherwort vorlas, bekam ich zur Antwort: „Das verstehe ich nicht." Ich habe daher jedes der Zitate in einer Überschrift zusammengefasst und auf einer Seite erläutert. Außerdem habe ich die Trostworte systematisiert und in eine Trickkiste, Verzeihung: Trostkiste gepackt. Ich hoffe, Luther wäre mit mir zufrieden!

Ein persönliches Tief

Die Arbeit an diesem Buch war für mich mehr als nur ein Schreibprozess. Denn ich hatte in dieser Zeit Trost besonders nötig. Ich arbeitete nämlich einen Schmerz auf, den ich vier Jahrzehnte lang verdrängt hatte: dass ich von meiner Mutter im Alter von fünf Jahren in eine Pflegefamilie weggegeben worden war und von ihr ausgeschlossen blieb. Und dann noch Midlife-Crisis, Probleme mit meinen Lieben, Schuldgefühle aufgrund von Wutausbrüchen und zu allem Überfluss finanzielle Sorgen. Das waren schlimme Monate. Ich war tief unten.

Der Trost

Da kam die Arbeit an diesem Buch nur recht. Zum einen, weil ich durch das Recherchieren und Schreiben aktiv wurde (Trick B4) und mich so ablenkte. Zum anderen, weil ich so dazu gebracht wurde, viel über Leid und Trost an sich nachzudenken. Ich erfuhr also nicht nur Trost von lieben Freunden (Trick B5) und professionellen Tröstern (Trick B6), sondern wurde auch durch Luthers Worte getröstet. Seine Trostkiste hat mir geholfen, eine Reihe von Trostmitteln präsent zu haben und anzuwenden. Etliche meiner Erfahrungen, die ich dabei gemacht habe, sind in die Erläuterungen eingeflossen. Wenn auch Sie in Luthers Trostkiste Hilfe finden, würde mich das sehr freuen!

Achtung: Die Trostkiste wird erst auf Seite 32 geöffnet. Denn ich möchte Ihnen zuvor zeigen, was Luther zu einem glaubwürdigen Tröster gemacht hat.

Luther als Trostbedürftiger

Luther war schon zu Lebzeiten ein Star. Lief alles glatt bei ihm? Nein, im Gegenteil: Luther brauchte seine Trostkiste erst einmal für sich selbst. Und zwar öfter, als ihm lieb war.

„Wenn ich jetzt stürbe und
man mich aufschnitte,
so würde man sehen,
dass mein Herz ganz und
gar eingeschrumpft wäre
vor Wehklagen und
Traurigkeit meiner Seele."

Ein Tröster, der selbst Trost brauchte

Wenn einer Trost nötig hatte, dann Martin Luther. Er hatte Zeit seines Lebens viel zu leiden.

Bitte um Trost und Gebet

„Aber ich habe mir überlegt, dass ich viel eher einen Brief von Dir nötig hätte, der meinen Geist wieder aufrichtet.“ Das schrieb Luther in einem Brief, mit dem eigentlich er den Empfänger trösten wollte. Es gibt andere Briefe, in denen Luther nicht nebenbei um Trost bittet, sondern in denen diese Bitte sein zentrales Anliegen ist. So schrieb er Justus Menius im ersten Satz eines Briefes: „Ich danke Dir, lieber Justus, dass Du für mich den Herrn bittest und mich tröstest, beides brauche ich zur Zeit. Daher bitte ich Dich, dass Du nicht aufhörst, intensiv für mich zu beten und mich zu trösten, denn dieser Kampf geht über meine Kräfte.“ Worin dieser innere Kampf bestand, hatte er zehn Tage zuvor Philipp Melanchthon geschrieben: „Ich habe zusätzlich zu dem, was ich neulich geschrieben habe, mehr als eine ganze Woche in Tod und Hölle gelegen, so dass ich am ganzen Körper verwundet jetzt noch an den Gliedern zittere. Ich hatte fast gänzlich Christus verloren und wurde in den Fluten und Stürmen der Verzweiflung und Lästerung gegen Gott hin und her geworfen.“

An diese Ausführungen schloss Luther die Bitte um Gebet an: „Höre auch Du nicht auf, für mich zu beten, wie auch ich für Dich.“ Eine solche Bitte war kein Einzelfall. In einem weiteren Brief an Justus Menius schrieb Luther: „Bete für mich schwaches Gefäß.“ Wir sehen Luther heute eher als einen starken Menschen an. Doch er gab offen zu, wie schwach er sich fühlte, so auch in einem Brief an Agricola, in dem er um Trost und Gebet bat: „Ich danke Dir, lieber Agricola, für den Trost, den Du mir gespendet hast, indem Du schreibst, dass Deine Gemeinde besorgt sei und für mich bete. Gott tröste auch Euch in Eurer Drangsal. Und ich bitte Euch, dass Ihr nicht aufhört, mich zu trösten und für mich zu beten, denn ich bin schwach und arm.“

Klage über das irdische Jammertal

„Das menschliche Leben ist ein großes Elend“, sagte Luther in einer seiner Tischreden. In einem Brief an seinen Vater nannte er gleich mehrere Gründe dafür, warum er vom Leben nicht viel erwarte: „Es ist doch ja dies verfluchte Leben nichts anderes denn ein rechtes Jammertal, darin man je länger je mehr Sünde, Bosheit, Plage und Unglück sieht und erfährt, und ist des alles kein Aufhören noch Abnehmen da, bis man uns mit der Schaufel nachschlägt.“ Luther hatte das Leben so sehr satt, dass er gegenüber dem todkranken Friedrich Myconius den Wunsch äußerte, vor ihm zu sterben: „Der ich mich genug so viele Jahre gequält habe und sehr würdig und sehr wert bin, Euch voranzugehen. So bitte ich, dass der Herr mich an Deiner Stelle krank werden lässt und mich meine Hütte ablegen heißt, die unnütz, ausgedient und erschöpft ist.“

Luther hatte allen Grund dazu, die Zeit auf Erden als ein Jammertal anzusehen. Schauen wir uns sein Leben einmal unter diesem Gesichtspunkt an.

Schwere Kindheit

Martin Luther wuchs in ärmlichen Verhältnissen auf: „Mein Vater ist ein armer Bergmann gewesen. Die Mutter hat all ihr Holz auf dem Rücken heimgetragen, womit sie uns erzogen hat. Harte Mühsal haben sie erduldet, welche die Welt nicht mehr erträgt", sagte er später in seinen Tischreden.

Seine Eltern waren nicht nur arm, sondern auch streng. Die Schläge, die er als Kind bekommen hatte, vergaß Luther nie: „Man soll die Kinder nicht zu hart stäupen. Denn mein Vater stäupte mich einmal so sehr, dass ich vor ihm floh und dass ihm bange war, bis er mich wieder an sich gewöhnt hatte." Diese Strenge sah Luther als Ursache für seinen Eintritt ins Kloster an: „Meine Eltern haben mich sehr streng bis zur Verzagtheit bestraft. Meine Mutter stäupte mich um einer einzigen Nuss willen bis zum Blutvergießen. Und so haben sie mich mit strenger Erziehung schließlich ins Kloster getrieben, wiewohl sie es herzlich gut gemeint haben, aber ich war so verzagt."

In der Schule hatte es Luther kaum leichter. Einige seiner Lehrer schreckten nicht vor harten Prügelstrafen zurück: „Es ist ein Teil der Lehrer so grausam wie die Henker. Also ich wurde einmal an einem Vormittag fünfzehnmal geschlagen, ohne jede Schuld, außer dass ich deklinieren und konjugieren sollte und hatte es nicht gelernt."

Harte Klosterjahre

Bei einem Gewitter hatte Luther in Todesangst das Gelübde abgelegt, ins Kloster zu gehen. Schon der Eintritt ins Kloster war mit großen Schwierigkeiten verbunden. Sein Vater war damit zunächst nicht einverstanden, willigte schließlich aber ein. Und Luther selbst war auch „nicht gern und leidenschaftlich" Mönch geworden, wie er später seinem Vater schrieb.

Luther kasteite sich als Mönch überaus streng: „Denn ich hätte mich (wenn es länger gewährt hätte) zu Tode gemartert mit Wachen, Beten, Lesen und anderer Arbeit." Er versuchte, durch ein heiliges Leben Gerechtigkeit vor Gott zu erlangen, und verzweifelte daran: „Denn ich war damals unter dem Papst ein sehr trauriger Mönch und befand mich immer in den größten Drangsalen." Die inneren Nöte wurden so groß, dass er Trost bei seinem Beichtvater suchte: „Sobald ich ins Kloster eingetreten war, kam es, dass ich immer traurig und schwermütig wurde, und ich konnte diese Traurigkeit nicht ablegen. Deswegen suchte ich Rat und offenbarte mich Dr. Staupitz." Die Lage war für Luther wirklich ernst: „Und wenn mir D. Staupitz oder vielmehr Gott durch Doctor Staupitz nicht herausgeholfen hätte, so wäre ich darin ersoffen und längst in der Hölle. Denn solche teuflischen Gedanken machen zuletzt, wo blöde Herzen sind, verzweifelte Leute, die an der Gnade Gottes verzagen."

Als Luther Professor wurde, kam eine weitere Belastung hinzu: Er war trotz seiner Vorlesungen weiterhin zu Stundengebeten verpflichtet, schob sie aber zwei bis drei Wochen vor sich her, um sie dann in einem Rutsch abzuleisten.

Er sperrte sich dann drei Tage ein, aß und trank nichts, bis er ausgebetet hatte. Das Ergebnis: „Da wurde mir der Kopf so toll davon, dass ich in fünf Nächten kein Auge zutat, und ich lag krank bis auf den Tod darnieder und kam von Sinnen."

Angriffe der Gegner

Die Kontroversen um seine 95 Thesen, der Druck und die Anfeindungen seiner Gegner machten Luther heftig zu schaffen. Im Rückblick sagte er: „Wenn ich hätte vorhersehen können, was mir nun widerfahren ist, hätte ich mich auf keinen Fall hineintreiben lassen." Denn was kaum bekannt ist: Luthers 95 Thesen sind ohne sein Dazutun verbreitet worden.

Seine Gegner arbeiteten hart daran, dass sein Ruf Schaden nahm – mit Erfolg: „Zunächst glaube ich sehr, dass mein Name bei vielen in einem üblen Geruch steht", schrieb Luther ein halbes Jahr nach Veröffentlichung seiner 95 Thesen an Staupitz. Doch es ging bald um mehr als seinen Ruf. Die Kirche setzte ihn zunehmend unter Druck. Im Sommer 1518 zitierte ihn die Kurie nach Rom, um zu untersuchen, ob er ein Häretiker sei. Luther erschien jedoch nicht. Daraufhin lud ihn der päpstliche Legat im Oktober 1518 zu einem zweitägigen Verhör auf dem 19. Reichstag in Augsburg vor. Luther reiste unter Todesangst dorthin. Hatte er doch das Schicksal des Jan Hus vor Augen, der als Ketzer verbrannt worden war: „Mein Gefühl aber auf dem Weg war: ‚Nun muss ich sterben!' Und ich stellte mir den errichteten Scheiterhaufen vor Augen und sagte oft: ‚Ach, welch eine Schande werde ich meinen lieben Eltern sein!' So ängstigte mich das Fleisch."

Luther hatte schließlich das Gefühl, es allein mit einem übermächtigen Gegner zu tun zu haben: „Es erhebt sich das ganze Papsttum gegen mich als Einzelnen." Das äußerte sich im Juni 1520 in der Androhung des Bannes. Nachdem Luther die Bannbulle öffentlich verbrannt hatte, sprach der Papst im Januar 1521 tatsächlich den Bann über ihn aus. Doch nicht nur von der Kirche wurde Luther unter Druck gesetzt: „Aber ich merke, dass auch das kaiserliche Mandat veröffentlicht worden ist, um mich einzuschüchtern", schrieb er im April 1521, wenige Tage vor dem Reichstag zu Worms. Dort wurde er ein letztes Mal aufgefordert, seine Lehren zu widerrufen. Luther weigerte sich und wurde daraufhin für vogelfrei erklärt.

Angriffe aus den eigenen Reihen

Zusätzlich zu schaffen machten Luther Auseinandersetzungen mit seinen Mitstreitern, sprich: anderen Reformatoren. So schrieb er nach einem Angriff des Züricher Reformators Huldrych Zwingli: „Nicht einmal die Papisten, meine Feinde, zerfleischen mich so wie diese meine Freunde, die ohne uns und vor uns nichts waren, sich nicht einmal zu mucksen wagten, nun aber durch unseren Sieg aufgeblasen sind und ihre Aggression gegen uns richten."

Mit seiner Art, klar Position zu beziehen, machte sich Luther viele Feinde, so auch im Bauernkrieg. „Welch ein Zetergeschrei [...] habe ich angerichtet mit dem Büchlein wider die Bauern! Da ist alles vergessen, was Gott der Welt durch mich getan hat. Nun sind Herren, Pfaffen, Bauern, alles wider mich und dräuen mir den Tod."

Schwierigkeiten in der Ehe

Aber er hatte doch seine Käthe! Stimmt, Luther rühmte gern seine Frau. Doch uneingeschränkte Harmonie scheint zwischen den beiden nicht geherrscht zu haben. Wie hätte er sonst sagen können: „Wenn ich noch eine freien sollte, so wollte ich mir ein gehorsames Weib aus einem Stein hauen; sonst habe ich verzweifelt an aller Weiber Gehorsam." Und dazu zählte nun einmal auch seine Frau. Er kam zwar zum Ergebnis, „dass mehr Mangel in anderen Frauen sei denn in meiner Käthe", fügte aber hinzu, „ob sie schon auch etliche hat". Und das hieß: Wie jeder Ehemann musste Luther mit den Fehlern seiner Frau klarkommen.

Krankheiten

Luther war oft schwach und krank. „Denn auf dem ganzen Weg von Eisenach bis hierher war ich schwach und bin noch schwach auf eine Weise, die ich bisher noch nicht kannte", schrieb er auf der Reise zum Reichstag zu Worms.

Ein halbes Jahr später berichtete er plastisch von seinen schweren Verdauungsproblemen: „Heute habe ich nach fünf Tagen wieder Stuhlgang gehabt, doch von so großer Härte, dass ich fast meinen Geist ausgehaucht hätte. Nun sitze ich in Schmerzen wie eine Wöchnerin, zerfleischt und verwundet und blutverschmiert, diese Nacht werde ich nicht einmal ein bisschen Ruhe finden. […] Ich wäre frei von jeglichen Wunden, wenn mein Leib offen wäre. Was nämlich in vier Tagen heilt, wird schließlich beim Stuhlgang wieder aufgerissen."

Damit nicht genug: Auch ein Blasenstein machte Luther jahrelang zu schaffen. Um ein Haar wäre er daran gestorben, wie er seiner Frau schrieb: „Summa, ich bin tot gewesen und habe Dich mit den Kindlein Gott befohlen und meinem gnädigsten Herrn, als würde ich Euch in dieser Sterblichkeit nimmermehr sehen."

Hinzu kamen weitere Beschwerden, über die er in seinen Briefen berichtete: „Ich bin gezwungen, kurz zu schreiben, lieber Bucer, da ich die vergangenen 14 Tage krank im Bett gelegen habe, hingestreckt von Qualen an der linken Hüfte, die nicht auszuhalten waren. Ich habe mich kaum davon erholt." – „Ich habe die ganze Nacht im rechten Armmuskel zwischen Achsel und Ellenbogen Qualen gelitten, so dass ich keinen Schlaf finden konnte." Schon als 34-Jähriger hatte er seinen gesundheitlichen Zustand folgendermaßen charakterisiert: „Als einziges bleibt mir mein Leiblein, schwach und verzehrt von ständigen Beschwerden."

Todesängste

Nicht nur aufgrund seines Blasensteins und des Gewitters, das ihn Mönch werden ließ, hatte Luther Todesangst. Schon als Student musste er dem Tod ins Auge blicken. Auf einer Heimreise von Erfurt rammte er sich aus Versehen den Degen ins Bein, wie berichtet wird: „Dort strömte das Blut außerordentlich und konnte nicht gestillt werden. Als er selbst seinen Finger darauf drückte, schwoll der Schenkel zu einer außerordentlichen Größe an. [...] Als er in Todesgefahr war, sagte er: ‚Oh Maria, hilf!' – ‚Da wäre ich', sagte er, ‚auf Maria hin gestorben!'"

Der Tod lauerte hinter jeder Ecke. 1516 wütete die Pest in Wittenberg und machte auch Luther Angst: „Nicht dass ich den Tod nicht fürchtete (ich bin nämlich nicht der Apostel Paulus, sondern halte nur Vorlesungen über den Apostel Paulus), aber ich hoffe, der Herr wird mich aus meiner Furcht herausreißen."

Beschwernisse des Alters

Bei aller Mühsal blickte Luther zufrieden auf sein Leben zurück, klagte aber über das Alter: „Das Alter ist da, welches an ihm selbst alt und kalt und ungestalt, krank und schwach ist. Der Krug geht so lange zu Wasser, bis er einmal zerbricht. Ich habe lange genug gelebt. Gott beschere mir ein selig Stündlein, darin der faule, unnütze Madensack unter die Erde komme zu seinem Volk und den Würmern zuteil werde. Acht auch wohl, ich habe das Beste gesehen, das ich hab' auf Erden sollen sehen. Denn es lässt sich an, als wollte es böse werden."

Trauer um die Lieben

Trotz seiner schweren Kindheit trauerte Luther sehr, als sein Vater gestorben war: „Dieser Tod hat mich wahrhaftig in Trauer gestürzt. [...] Und auch wenn es mich tröstet, dass er schreibt, er sei stark im Glauben an Christus friedlich entschlafen, hat dennoch die Trauer und die Erinnerung an den lieblichen Umgang mit ihm mein Inneres so erschüttert, dass ich wie kaum sonst den Tod verachtet habe. [...] Ich kann daher vor Traurigkeit nicht weiterschreiben, denn es ist nur normal und gehört sich, dass ich als Sohn um einen solchen Vater Trauer trage."

Weit schwerer zu verkraften dürfte für Luther jedoch der Tod zweier Töchter gewesen sein. Seine Tochter Elisabeth starb im Alter von acht Monaten: „Sie hat mich außerordentlich traurig zurückgelassen, mit geradezu weiblichen Gefühlen, so werde ich durch mein Jammern um sie bewegt; ich hätte vorher niemals geglaubt, dass die väterlichen Gefühle gegenüber einem Kind so weich werden können." Und seine Tochter Magdalena starb im Alter von dreizehn Jahren. Ihren Tod hatte er fast drei Jahre später noch nicht verarbeitet: „Es ist erstaunlich, wie sehr mich der Tod meiner Magdalena quält, den ich bis heute nicht vergessen kann."

Beste Voraussetzungen, selbst Trost zu spenden

Am überzeugendsten wirkt Trost von jemandem, der das Gleiche erlitten hat und getröstet wurde. Luther hatte daher in vielfacher Hinsicht ideale Voraussetzungen, ein guter Tröster zu sein. Er konnte gut Kranke trösten, weil er selbst viel und schwer krank war. Er konnte gut Verfolgte trösten, weil er selbst verfolgt wurde. Er konnte gut Trauernde trösten, weil er selbst liebe Menschen verloren hatte. Er konnte gut Angefochtene trösten, weil er selbst Anfechtungen durchzustehen hatte: „Wer den Schrecken des Gesetzes und die Tröstungen des Evangeliums erfahren hat, der kann gut und glänzend und feurig über diese Dinge sprechen", sagte er. Und in einem Trostbrief schrieb er, er könne helfen, weil er die gleiche Erfahrung wie die Empfängerin gemacht habe: „Denn ich kenne die Krankheit wohl [...]. Und will Euch auch zeigen, wie mir Gott davon geholfen und mit welcher Kunst ich auch noch täglich mich dawider erhalte."

Luther als Tröster

Luthers Trostkiste machte ihn zu einem großartigen Tröster. Seine Mitmenschen hatten das Glück, von ihm persönlich getröstet zu werden. Und wir haben das Glück zu erfahren, was ihn als Tröster auszeichnete.

„Denn ich soll und
muss jedermann tröstlich
und nicht schädlich sein,
will ich ein
rechter Christ sein.“

Ein Tröster, wie er im Buche steht

Wenn einer trösten konnte, dann Martin Luther. Er wurde daher von vielen um Trost gebeten, und er kam diesen Bitten fleißig nach.

Guter Ruf als Tröster

Ich bin nicht der Erste, dem Luthers Qualitäten als Tröster aufgefallen sind. Schon zu seinen Lebzeiten erschien die Sammlung „Etliche Trostschrifften vnd predigten, fur die so in tods vnd ander not vnd anfechtung sind“ (genauere Angaben im Kapitel „Quellen“ auf Seite 126, auch für die folgenden hier zitierten Bücher). Im Jahr 1730 erschien eine Sammlung mit dem Titel „Auserlesene Trost-Briefe des Mannes Gottes Martini Lutheri, die er An verfolgte, angefochtene und traurige Personen mit einer recht Evangelischen Feder geschrieben“. Es ließen sich noch einige solcher Bücher aufführen. Besonders hervorheben will ich zwei Sammlungen von Trostbriefen Luthers aus dem zwanzigsten Jahrhundert, da sie mir die Arbeit an diesem Buch erleichtert haben: Die erste Sammlung stammt von Paul Scheuerlen, die zweite von Gerhard Blail. Auch in Anthologien der Werke Luthers tauchen immer wieder Zitate mit Trostworten auf, zum Beispiel im Reclam-Band „Luther zum Vergnügen“.

Berufung zum Tröster

Für Luther war das Trösten Aufgabe eines Christen im Allgemeinen und eines Priesters im Besonderen. Die höchste Instanz selbst habe dies geboten: der „HERR Jesus, der uns heißt untereinander trösten". Ausführlicher begründet er dies mit den Worten: „Denn Gott hat's befohlen, dass ein Mensch den anderen trösten soll, und will auch, dass der Betrübte soll glauben solchem Trost, als seiner eigenen Stimme. Denn also spricht er durch St. Paulum: Tröstet die Kleinmütigen; und Jesaja 40: Tröstet, tröstet mein Volk und sprecht ihm freundlich zu." Aus diesen Zitaten geht hervor, dass das Trösten nicht nur in Luthers Schriften von zentraler Bedeutung ist, sondern auch in der Bibel selbst, und zwar sowohl im Alten Testament als auch im Neuen Testament.

Und was die Priester angeht: Luther sah das Trösten als eine ihrer – wie man heute sagen würde – Kernkompetenzen an. So bat er eine Briefempfängerin: „Meine M., Du musst nicht Deinen Gedanken, noch des Teufels Gedanken glauben, sondern uns Predigern, welchen Gott befohlen hat, die Seelen zu unterrichten, zu trösten und zu absolvieren" (auf Seite 80 erneut zitiert). Und in einem Brief an seine Mutter verwendete er die Worte „Prediger" und „Tröster" in einem Atemzug. Er drückte darin seine Hoffnung aus, dass sie „mit Predigern und Tröstern allenthalben versorgt" sei.

Die zitierten Sprüche Luthers sind erst einmal – nur Sprüche. Denn erzählen kann man viel. Doch wie sah es in der Praxis aus? Die Menge der überlieferten Trostbriefe zeigt: Luther nahm die Aufgabe des Tröstens ernst.

Als großer Reformator hätte er sich ja auch damit herausreden können, es sei für ihn wichtiger, auf dem nächsten Reichstag eine Rede zu halten oder einen wichtigen Bibelkommentar abzuschließen. Nein, Luther ließ für sich selbst keine Ausreden gelten, sondern wurde seiner Aufgabe als Tröster gerecht.

Trost durch Briefe, Predigten, Schriften und Lieder

Luther nutzte die unterschiedlichsten Medien, um Trost zu spenden. An erster Stelle sind seine Briefe zu nennen. Sie werden in diesem Buch am häufigsten zitiert, weil sie viele Tipps für Trostsuchende enthalten und Luthers Herzensgüte gegenüber jeder einzelnen Person zeigen: Auch wenn sich Inhalte wiederholen, Luther verschickte keine Standardbriefe.

Luther nutzte auch viele seiner Predigten, um Trost zu spenden. Das merkt man schon beim Durchblättern seiner Hauspostille, einer Sammlung seiner Predigten, die als Vorbild für Predigten im Haus und in der Kirche dienen sollten. Die Weimarer Ausgabe enthält 94 Predigten und 13 Passionspredigten. In elf dieser Predigten und der ersten Passionspredigt stellt Luther gleich zu Beginn die tröstende Kraft des zugrunde liegenden Bibeltextes heraus, zum Beispiel folgendermaßen: „Das heutige Evangelium ist ein herrlicher, schöner Trost."

Auch in seinen theologischen Schriften beschäftigte sich Luther oft mit den Themen „Leiden" und „Trösten". Nicht ganz zufällig: Denn wie auf Seite 25 erwähnt, geht es in der Bibel häufig darum, besonders in den Psalmen. Luther kam also gar nicht umhin, in seinen Kommentaren darauf einzugehen.

Besonders hervorzuheben ist ein kleineres Werk, das Luther eigens als Trostschrift verfasste und dem ich für dieses Buch drei Trosttricks entnommen habe: „Vierzehn Tröstungen für Mühselige und Beladene", die den schwer erkrankten sächsischen Kurfürsten Friedrich den Weisen aufrichten sollten.

Auch aus Luthers Tischreden habe ich Zitate ausgewählt. Bei den Tischreden handelt es sich um Sprüche Luthers, die seine Gäste aufzeichneten, zum Teil mit den Fragen, die diesen Sprüchen vorangingen. Bei Tisch kamen damals wie heute alle Themen des Alltags zur Sprache und so auch die Widrigkeiten des Lebens und der richtige Umgang damit.

Schließlich sind die Lieder Luthers zu nennen. Zum einen, weil Musik seiner Meinung nach ein wichtiges Trostmittel ist (Trick B2). Zum anderen, weil Luther gleich mehrere Lieder mit dem ausdrücklichen Ziel geschrieben hat, Trost zu spenden. Ich denke besonders an die Lieder „Nun freut euch, lieben Christen g'mein", „Ein feste Burg ist unser Gott" und „Aus tiefer Not schrei ich zu dir".

Trost durch Besuche und Einladungen

Luther tröstete jedoch nicht nur mit der Feder. Er investierte auch Zeit in den persönlichen Kontakt zu Trostbedürftigen. Er besuchte sie und lud sie sogar zu sich nach Hause ein, wie aus den folgenden Sätzen hervorgeht: „Deine Else, lieber Agricola, habe ich gern und mit Freuden aufgenommen. Sie leidet, wie Du siehst, mehr an der Seele als am Körper. Ich tröste sie, so gut ich kann und weiß."

Trost durch Gebete

Eine wichtige Form des Trostes war für Luther das Gebet. So versprach er Philipp Melanchthon: „Ich bete in der Tat fleißig für Dich." Drei Tage später erneuerte er dieses Versprechen: „Ich unterstütze Euch in der Tat fleißig mit Stöhnen und Gebeten, wenn ich es doch auch mit dem Körper könnte. [...] Ich bete für Dich, ich habe für Dich gebetet, und ich werde für Dich beten, und ich bin mir sicher, dass ich erhört werde." Und an Justus Jonas schrieb er: „Wir beten, dass der Herr auch Dein Fleisch trösten möge."

Luther betonte, er könne nur mit Gebet und Wort trösten: „Nun habe ich nichts, denn mein arm Gebet und tröstlich Wort. Summa, was ich, als armer Theologe, vermöchte und wüsste, das soll in Eurem Dienst treulich erfunden werden." Und was von beiden hielt er für wirksamer: Gebet oder Wort? Ersteres, wie man aus der folgenden Bemerkung schließen kann: „Nun wollt ich über mein Gebet Euch gerne raten und trösten. So ist's mit Schriften in solcher Sache ein schwach Ding, aber doch so viel ich kann, soll ich's nicht lassen, ob Gott Gnade wollt dazugeben."

Trost für Trauernde, Kranke, Verzweifelte und Verfolgte

Luthers Trost wurde aus den unterschiedlichsten Anlässen benötigt. Er tröstete Hinterbliebene über ihren Verlust hinweg. Dem Witwer Hans Reineck zum Beispiel schrieb er: „Ich hab' vernommen, wie der liebe Gott Vater Euch hat heimgesucht, und Eure liebe Hausfrau von Euch zu sich genommen."

Ebenfalls ihre Ehepartner verloren hatten Bartholomäus von Starhemberg, Laurentius Zoch, Autor Broitzer, die Witwe des Johannes Cellarius, Eva Schulz, Justus Jonas und Wolf Heinze. Hinzu kommen Fälle, in denen der Verlust eines Bruders beklagt wurde (Kurfürst Johann von Sachsen), eines Sohnes (Thomas Zinck, Georg Hosel, Margaretha von Anhalt und Benedict Pauli) und in einem Fall sogar der Ehefrau und einer Tochter (Andreas Osiander).

Luther tröstete Kranke. „Es ist mir leid, dass Ihr von Gott mit mehr Krankheit überladen werdet“, schrieb er an Caspar Müller. Weitere Adressaten: Johannes Rühel, Fürst Joachim von Anhalt, Johann Mantel, Eberhard Brisger, Friedrich Myconius und der sächsische Kurfürst Friedrich der Weise. Dieser bekam gleich eine ganze Trostabhandlung, die auf Seite 27 erwähnte Schrift „Vierzehn Tröstungen für Mühselige und Beladene“.

Luther tröstete Verzweifelte und Deprimierte, zum Beispiel Elisabeth Agricola, Else von Kantig, Matthias Weller und den lebensmüden Jonas von Stockhausen: „Mir ist von guten Freunden angezeigt, wie Euch der böse Feind härtiglich anficht mit Überdruss des Lebens und Begierde des Todes.“

Luther tröstete Personen, die wie er früher selbst unter fehlender Heilsgewissheit litten, also Angst vor dem göttlichen Gericht hatten, wie Georg Spalatin, Margarete Eschat, Barbara Lißkirchen und Georg Spenlein, dem er schrieb: „Im Übrigen möchte ich wissen, wie es Deiner Seele geht, ob sie endlich ihrer eigenen Gerechtigkeit überdrüssig ist und lernt, in Christi Gerechtigkeit aufzuatmen und sicher zu sein.“

Luther tröstete Besorgte. So tröstete er Melanchthon, Johannes Brenz und Kanzler Georg Brück, die Angst vor den Gegnern der Reformation hatten. Er tröstete die Frau von Hieronymus Baumgärtner, die sich um ihren Mann sorgte. Dieser wurde 14 Monate lang von Ritter Albrecht von Rosenberg gefangen gehalten. Und er tröstete Hans Kegel, dem man sein Hüttenwerk und damit seine Lebensgrundlage weggenommen hatte.

Luther tröstete Menschen, die wegen ihres Glaubens verfolgt wurden. Er schrieb Lambertus Thorn, Leonhard Käser und dem vom Kaiser unter Druck gesetzten Kurfürsten Johann von Sachsen – ferner Gruppen, die er folgendermaßen anredete: „Allen lieben Brüdern in Christo, so in Holland, Brabant und Flandern sind“, „Den Auserwählten, Lieben Gottes, allen Gliedern Christo zu Augsburg“ und „Den ehrsamen und weisen Bürgerinnen aus Oschatz, um Christi willen vertrieben“.

Wirksamer Trost

Luther war ein guter Tröster. Er nahm sich Zeit, er zeigte Verständnis und Mitgefühl (siehe Seite 112 f.). Die Qualität seines Trostes zeigte sich auch im Ergebnis: Sein Trost war wirksam. So schrieb er Laurentius Zoch, den er einen Monat zuvor anlässlich des Todes seiner Frau getröstet hatte: „Ich habe aber mit Freuden gelesen und vernommen, dass Gott Euer Herz, auch durch Mitwirken meiner Schrift, getröstet hat.“ Und als Luthers todkranker Vater gefragt wurde, ob er dem Trost seines Sohnes Glauben schenke, sagte er sinngemäß, dass er schön blöd wäre, wenn er das nicht täte: „Ey, wenn ich das nicht glaubte, so tät ich als ein Schalk.“

Gefragter Tröster

Doch der überzeugendste Beweis für Luthers Qualitäten als Tröster: Er wurde oft um Trost gebeten. Philipp Melanchthon schrieb an ihn solche Zeilen wie: „Ich mache mir hier die furchtbarsten Sorgen und bin die ganze Zeit am Weinen [...] Außer Deinem Trost habe ich nichts, was mich tröstet.“ Nur zwei Tage später schrieb er: „Zu keiner Zeit hatten wir mehr Deinen Rat und Deinen Trost nötig, als nun, wo wir uns in den gefährlichsten Verhandlungen befinden.“

Justus Jonas gab in einem Brief gleich eine doppelte Trostbestellung auf: erstens für Philipp Melanchthon und zweitens für seine eigene Frau nach dem Tod ihres gemeinsamen Sohnes. Dabei hatte er von Luther aus diesem Anlass bereits einen Trostbrief bekommen, um den er ihn ebenfalls zuvor gebeten hatte. Die Begründung: „Es gibt nämlich nichts Angenehmeres für mich als das Gespräch mit Dir, wenn Du da bist, und einen Brief von Dir, wenn Du nicht da bist.“

Justus Jonas war nicht der Einzige, der Luther um einen Trostbrief für eine dritte Person bat. Das lässt sich Luthers Trostbriefen selbst entnehmen. So schrieb Luther an Hans Kegel: „Es hat mir Euer lieber Sohn Andreas angezeigt, wie Ihr Euch hoch bekümmert des entwandten Hüttenwerks halber, und darauf begehrt ein Brieflein von mir an Euch.“ Und Barbara Lißkirchen bekam einen Trostbrief, weil ihr Bruder dies veranlasst hatte. „Es hat mir Euer lieber Bruder, Hieronymus Weller, angezeigt, wie Ihr hoch bekümmert seid mit der Anfechtung von der ewigen Vorsehung. Das ist mir wahrlich leid“, schrieb Luther ihr.

Die Trostkiste

So, jetzt heben wir den Deckel von Luthers Trostkiste an. Und was sehen wir? Einen Trosttrick nach dem anderen. Schon der Anblick tut gut.

A Innerer Trost

B Äußerer Trost

C Göttlicher Trost

A Innerer Trost

Wir holen nun die ersten Tricks aus seiner Trostkiste heraus. Diese helfen Ihnen, Ihre Gedanken in andere Bahnen zu lenken. Das wird sich positiv auf Ihre Gefühle auswirken. Geben Sie sich einen Ruck!

Trost von innen

A 1 Trauer zulassen

A 2 Fröhlich sein wollen

A 3 Weniger grübeln

A 4 Dankbar sein

A 5 Auch schlechte Stunden annehmen

A 6 Die richtige Bedeutung beimessen

A 7 Auf Leidensgenossen schauen

A 8 Sich größeres Leid vor Augen führen

A 9 Das Gute im Schlechten sehen

A 10 Sich als Beobachter fühlen

A 11 Andere annehmen

A 12 Geduld haben

„Ein Herz voll Freude
sieht alles fröhlich an,
ein trauriges jedoch
alles traurig.“

Trost von innen

Luther wäre heute ein Vertreter der Verhaltenstherapie. Diese versucht, Gefühle mithilfe der Gedanken zu steuern.

Verantwortung für seine Gedanken und Gefühle übernehmen

Wir hören es vielleicht nicht gern, doch Luther macht uns verantwortlich für unsere Traurigkeit – oder sagen wir besser: für den Umgang mit unserer Traurigkeit. Woran sich das festmachen lässt? Nun, Luther spornte Traurige an, ihre Gedanken und damit ihre Gefühle in andere Bahnen zu lenken. Wenn seine Methode funktioniert, dann können wir uns nicht mehr damit herausreden, dass wir für unsere Traurigkeit nichts können.

Das ist aus zwei Gründen unbequem: Erstens können wir uns nicht mehr hängenlassen, sondern müssen aktiv werden und gegen unsere Traurigkeit ankämpfen. So schrieb Luther dem zur Traurigkeit neigenden Philipp Melanchthon: „Ich bitte Dich, der Du in allen anderen Angelegenheiten ein streitbarer Mann bist, auch gegen Dich selbst zu kämpfen, Deinen schlimmsten Feind, der Du dem Teufel so viele Waffen reichst." Zweitens können wir uns nicht mehr mit dem Hinweis auf unsere Traurigkeit rechtfertigen für Fehlverhalten wie schlechte Leistung, miese Laune oder Wutanfälle.

Sich Traurigkeit erlauben, aber in Maßen

Heißt das, dass Luther kein Verständnis für Traurigkeit hatte? Dass er traurige Menschen verurteilte? Weit gefehlt! Im Gegenteil, Luther zeigte Mitgefühl mit den Traurigen und den Trauernden. Er wusste selbst, was es heißt, traurig zu sein. Und er duldete Traurigkeit nicht etwa nur als lästiges Übel, sondern hielt sie vielmehr für berechtigt (siehe Seite 113).

Doch bei allem Verständnis: Luther warnte davor, sich der Traurigkeit hinzugeben. Sein Rat: „Darum, so mache Deines Trauerns ein Maße!" Einem trauernden Vater schrieb er: „Gott will, dass wir unsere Kinder lieb haben, und dass wir trauern, wenn sie von uns genommen werden hinweg, doch soll die Traurigkeit mäßig und nicht zu heftig sein, sondern der Glaube der ewigen Seligkeit soll Trost in uns wirken."

Ob wir traurig oder fröhlich sind, ist demnach unsere Entscheidung. Wenn wir uns dafür entschieden haben, fröhlich zu sein, müssen wir diese Entscheidung nur noch umsetzen. Das fängt mit unseren Gedanken an. Der erste Schritt besteht darin, schlechte Gedanken zu verscheuchen: „Es muss aber (wie gesagt) gestritten sein, und immer von den Gedanken lassen. Fallen sie ein, so lasse sie wieder ausfallen, gleich wie einer flugs ausspeit, so ihm Kot ins Maul fiele." Schlechte Gedanken dürfe man gar nicht erst zulassen, empfahl Luther: „Oh, mein lieber Freund, hier ist es hoch Zeit, dass Ihr Euren Gedanken ja nicht trauet noch folget." Der zweite Schritt besteht darin, sich positive Gedanken zu machen. Dafür gibt es laut Luther Gründe genug. Welche, lesen Sie auf den folgenden Seiten.

„Und obwohl ich und meine Frau nur fröhlich Dank sagen sollten für ihren so glücklichen Heimgang und ihr so schönes Ende, [...] ist dennoch die Macht der Liebe so groß, dass wir es nicht ohne Schluchzen und Klagen des Herzens, ja nicht ohne tiefe Abtötung schaffen."

Trauer zulassen

Was soll das denn? Dieses Buch soll Ihnen doch Tricks gegen Traurigkeit liefern. Und jetzt das: Die erste Empfehlung lautet zu trauern. Ja, denn nur wenn Sie Ihrer Traurigkeit Raum gegeben haben, können Sie sie loslassen. Wenn Sie gut darin sind, überspringen Sie diese Seite. Auf der nächsten Seite wartet ein Trick auf Sie, der Ihnen hilft, es nicht zu übertreiben.

Doch zurück zu diesem Trick: Warum geben wir unserer Traurigkeit keinen Raum oder zu wenig Raum? Die Antwort wird Ihnen vielleicht nicht gefallen. Sie besteht aus einem Wort: Stolz. Wir wollen anderen und uns selbst beweisen, dass wir über den Dingen stehen. Dass wir schon damit (was immer es ist) klarkommen. Wenn wir jedoch traurig sind, zeigen wir, dass wir bedürftig sind. Dass wir etwas haben möchten, es aber nicht bekommen. Dass wir ohnmächtig sind. Das zuzugeben fällt verständlicherweise schwer. Wer sagt „Ich bin traurig", macht sich verletzlich. Daher verkleidet sich Traurigkeit oft als Wut. Doch Wut bringt niemanden weiter.

Seien Sie traurig! Lassen Sie Ihren Tränen freien Lauf! Weinen habe ich erst mit Ende vierzig gelernt. Es macht keinen Spaß, aber es tut gut. Es hat reinigende Wirkung, es spült die Traurigkeit weg. Und damit ist Trauer zu Recht der erste Trick gegen Traurigkeit.

„Ich, der ich mein Leben mit Trauern und Sauer-Sehen habe zugebracht, suche jetzt und nehme Freude an, wo ich kann.“

Fröhlich sein wollen

Dieser Trick ist so wichtig wie der erste: Von ihm hängt ab, ob die folgenden Tricks Ihnen helfen oder nicht. Denn wenn Sie nicht fröhlich sein wollen, werden Sie Luthers Tricks gegen Traurigkeit nicht umsetzen.

Kann man sich überhaupt vornehmen, fröhlich zu sein? Ja, man kann! Machen wir uns nichts vor: Ob wir traurig sind oder nicht, liegt mehr in unserer Gewalt, als wir denken. Denn wenn wir meinen, es sei nötig, können wir uns interessanterweise zusammenreißen. Also: Sie haben es in der Hand, ob Sie fröhlich sind oder nicht. Entscheiden Sie sich gegen die Traurigkeit und für die Freude! Das sei nicht authentisch, sagen Sie? Mag sein, aber nur zu Beginn. Sie werden sehen: Über kurz oder lang ist Ihre gute Stimmung echt.

Wie bereits der erste Trick gezeigt hat: Es ist nicht verboten, traurig zu sein. Im Gegenteil. Trauern gehört zum Leben dazu und ist Voraussetzung dafür, die Traurigkeit zu überwinden. Was Sie sich nur verbieten sollten: in der Traurigkeit zu verharren, sie vielleicht sogar zu kultivieren. Suchen Sie Freude! Das setzt einen Entschluss voraus. Und damit dieser Entschluss Wirklichkeit wird, müssen Sie aktiv werden. Geben Sie sich einen Ruck, und entscheiden Sie sich dafür, fröhlicher zu sein. Schon ein Lächeln kann Ihnen dabei helfen.

„Daher so oft Dir diese
Anfechtung zuteil wird,
hüte Dich, mit dem Teufel eine
Diskussion anzufangen oder
diesen tödlichen Gedanken
nachzuhängen.“

Weniger grübeln

Sie haben sich dafür entschieden, fröhlicher zu sein (Trick A 2)? Schön! Dann fangen Sie gleich damit an! Und zwar, indem Sie sich weniger mit dem befassen, was Sie traurig macht. Natürlich erst, wenn Sie Ihren Kummer weggeweint haben (Trick A 1).

„Sie haben gut reden", sagen Sie jetzt vielleicht. „Was soll ich denn machen, wenn die traurigen Gedanken in mir aufsteigen? Dafür kann ich doch nichts!" – Hm, zum Teil, würde Luther sagen. Es ist normal, dass sich traurige Gedanken bei Ihnen einschleichen. Das werden Sie nicht unterbinden können. Doch was Sie in der Hand haben: ob und wie lange Sie sich mit diesen Gedanken befassen.

Was halten Sie davon, wenn Sie die Zeit begrenzen, die Sie in der Woche schweren Gedanken nachhängen? Oder noch konkreter: Wie wäre es, wenn Sie dafür einen oder zwei Termine pro Woche festlegen? Sie nehmen damit Ihre Traurigkeit ernst und weisen sie zugleich in die Schranken. Das ist Ihnen zu technisch? Hier ein anderer Vorschlag: Sobald die traurigen Gedanken in Ihnen aufsteigen, sagen Sie ihnen „Ich habe jetzt keine Zeit für euch" oder „Tut mir leid, bin gerade mit anderen Gedanken verabredet". Denn wenn Sie an etwas Schönes denken, ist kein Platz für traurige Gedanken.

„Wenn einer das Gute, das er hat,
vergliche mit dem Übel,
das er nicht hat, der würde
schließlich erkennen, welch
großen Schatz an Gutem er hat.“

Dankbar sein

Seien wir ehrlich: Wir haben es gut. Und wir wissen es zu wenig zu schätzen. Warum? Weil wir uns auf das fokussieren, was wir nicht haben. Auf das, was schiefläuft. Wenn Sie von neun Kunden überragend bewertet werden und von einem Kunden weniger gut: Womit beschäftigen Sie sich? Wenn es Ihnen gesundheitlich hervorragend geht, bis auf eine Ausnahme: Woran denken Sie die ganze Zeit?

Ziehen Sie Bilanz! Nehmen Sie ein Blatt, und teilen Sie es mit einem Strich in zwei Hälften. Überschreiben Sie die linke Hälfte mit einem Plus und die rechte mit einem Minus. Und jetzt schreiben Sie in die linke Spalte, wofür Sie dankbar sind. Bitte auch scheinbare Selbstverständlichkeiten, wie dass Sie genug zu essen und ein Dach über dem Kopf haben. Und rechts schreiben Sie auf, was Sie traurig macht. Los geht's! Ich lege eine Schreibpause ein und mache mit.

Fertig? Wie sieht's bei Ihnen aus? Ich habe eine halbe Seite unter dem Minus gefüllt. Und unter dem Plus? Drei Seiten! Und ich hätte noch mehr schreiben können! Mir geht's jetzt gut – und Ihnen? Unter meinem Plus stehen viele liebe Menschen und was sie mir Gutes getan haben. Und die Dusche. Die hatte ich in meiner Studentenbude in Freiburg nämlich nicht, bis mein Vater kam und mir eine einbaute. Danke, Papa!

„Wir können in unserem Leben freilich nicht ohne Beimischung von Üblem nur das Gute genießen, weil das des Guten zu viel wäre.“

Auch schlechte Stunden annehmen

Meine beiden besten Freunde in der Kindheit waren Zwillinge. Sie spielten mit mir fast täglich Fußball, und sie waren meine Vertrauten. Bei ihnen schüttete ich mein Herz aus, wenn es mir nicht gut ging. Doch manchmal gingen wir uns auch auf die Nerven. Eine Sache gab es, die sie besonders an mir störte. „Du bist ungenießbar!“, sagten sie dann. Und wann war ich das? Wenn ich schlecht drauf war? Nein, wenn es mir zu gut ging. Dann wurde ich übermütig. Damit tat ich ihnen keinen Gefallen und mir selbst auch nicht.

Es ist kein Zufall, dass übermütige Zeitgenossen solche Sätze wie „Dir geht's wohl zu gut!“ zu hören bekommen. Ihnen geht es in der Tat zu gut, und deswegen sind sie ungenießbar. So brutal es sich anhört: Um genießbar zu werden, brauchen wir eine nicht zu kleine Portion Leid. Sie verhindert, dass wir abheben. Dass wir auf dumme Gedanken kommen. Dass wir auf andere herabschauen. Dass wir rücksichtslos werden.

Aber unabhängig von unserem Verhalten anderen gegenüber: Auch uns selbst tut es nicht gut, wenn es uns zu gut geht. Nur wenn wir schwere Zeiten durchmachen, wissen wir die guten Zeiten richtig zu schätzen. Wir werden dankbarer (Trick A4), hoffentlich! Und Krisen lassen uns auch darüber nachdenken, was wichtig ist und was nicht (Trick A6). Zum Glück!

„Der Heilige Geist weiß nämlich,
dass jede Sache eine solche und
so große Bedeutung hat,
wie man ihr in seiner eigenen
Meinung beimisst.“

Die richtige Bedeutung beimessen

„Hast du keine größeren Probleme?“ – Diese Frage bekommen wir zu hören, wenn wir uns über eine Kleinigkeit aufregen. Denn wenn wir keine Probleme haben, machen wir uns selbst welche. Mir kommt da ein Ehepaar in den Sinn, das tage-, ja wochenlang ein „wichtiges Problem“ wälzte: nämlich welche Gardinen (oder waren es Gardinenstangen?) die richtigen wären. Was bei dem Ehepaar die Gardinen, ist bei mir das Parkett im Wohnzimmer: Was meinen Sie, wie sich meine Laune verschlechterte, als ich den ersten Kratzer darin entdeckte! Ich fürchte, es braucht noch weitere 43 Kratzer, bis ich gelassener damit umgehen kann.

Also: Bei der nächsten Gardine oder dem nächsten Kratzer im Parkett wollen wir nicht gleich losjammern, sondern einen Schritt zurücktreten und uns fragen: „Ist das wirklich so schlimm?“ Das ist der erste Schritt, um unsere Situation objektiver einzuschätzen. Der zweite Schritt: die Dinge aus einer anderen Perspektive betrachten, zum Beispiel mit den Augen eines Unbeteiligten (Trick A 10). Ich schaue mir also mein Parkett mit den Augen eines Besuchers an – und merke (wenn ich überhaupt etwas merke): „Ist ja gar nicht schlimm!“ Wollen Sie eine besonders wirksame Perspektive wissen? Eine Keule? Hier ist sie, in Form einer Frage: „Ist dieser Kratzer im Angesicht des Todes von Bedeutung?“

„Gedenkt, dass Ihr's nicht allein seid, die der Teufel betrübt."

Auf Leidens- genossen schauen

Sie sind nicht allein! Ja! Dieser Trost ändert zwar nichts am Anlass Ihrer Traurigkeit. Was sich jedoch ändern kann und wird: Ihre Gedanken und damit Ihre Gefühle darüber.

Nehmen wir einmal an, Sie haben Probleme mit Ihrem Partner. Nein, nehmen wir es nicht an! Es wird so sein – womit wir diesen Trick schon beginnen umzusetzen. Denn wenn Sie andere Beziehungen anschauen, werden Sie merken: Keine einzige verläuft reibungslos. Schlimmer noch, jedes Paar wird in seiner Beziehung durch Tiefen gehen. Was Ihnen diese Erkenntnis bringt? Sie sehen Ihre Probleme mit anderen Augen. Sie können sich zurufen: „Willkommen in der Realität!“

Der nächste Schritt besteht darin, sich mit Leidensgenossen auszutauschen. Das finde ich persönlich zwar gerade beim intimen Thema „Beziehung“ schwierig (hier können Ihnen Berater, Therapeuten oder Seelsorger helfen), aber es dürfte in vielen anderen Bereichen gut funktionieren. Wenn Sie zum Beispiel Probleme als Führungskraft haben (und die werden Sie haben!), wird es Ihnen helfen, sich mit anderen Führungskräften auszutauschen. Sie können sich gegenseitig Ihr Leid klagen (nur nicht zu lange!), Sie können sich gegenseitig aufmuntern, einander Tipps geben – und einfach eine gute Zeit miteinander haben. Aber damit wären wir schon bei Trick B8.

„Denn es gibt genug Menschen, die seelisch wie körperlich härter und schwerer leiden als wir.“

Sich größeres Leid vor Augen führen

Wir machen einen Fehler: Wir vergleichen uns gern mit anderen. Das ist schlimm genug. Doch noch schlimmer: Wir neigen dazu, uns mit denen zu vergleichen, die besser dran sind als wir (zumindest meinen wir, sie wären besser dran). Das macht uns traurig, selbst wenn es uns gut geht. Schließlich könnte es uns ja noch besser gehen. Ja, das stimmt. Es könnte uns noch besser gehen. Und wenn es uns dann besser ginge? Dann fiele uns sicherlich auf, dass es uns noch besser gehen könnte. Und immer so weiter. Wenn Sie unglücklich sein wollen, dann begeben Sie sich in diese Spirale! Nur zu!

Nein, wir beide wissen, dass es einen Haufen Leute da draußen gibt, die es erheblich schlechter haben als wir. Und zwar richtig schlimm, ob durch eine furchtbare Krankheit, Hunger, Misshandlung oder Vertreibung. Millionen Menschen fürchten um Leib und Leben. Uns mit ihnen zu vergleichen kommt uns gar nicht in den Sinn. Warum eigentlich nicht? Vielleicht, weil wir kein schlechtes Gewissen bekommen wollen, dass es uns so viel besser geht. Oder weil wir uns nicht verpflichtet fühlen wollen zu helfen. Was es auch sei: Machen Sie sich häufiger bewusst, dass es Ihnen besser geht als vielen anderen, übrigens auch aus Ihrer Bekanntschaft. Tun Sie dies nicht in stolzer Haltung, sondern voller Demut und Dankbarkeit. Sie Glückspilz!

„Aber Gott, dessen Barmherzigkeit unendlich und dessen Weisheit grenzenlos ist – wie viel Gutes hat er doch aus allen diesen Fehlern und Sünden entstehen lassen!“

Das Gute im Schlechten sehen

„Das war das Beste, was mir passieren konnte", sagte mir mein Kollege, als ich noch bei einem Radiosender arbeitete. Er sprach nicht etwa von der Liebe seines Lebens, sondern von seiner – Kündigung! Zunächst sei die Situation für ihn zwar furchtbar gewesen. Doch kurze Zeit später habe er den jetzigen und weitaus besseren Job bekommen. Nun sei er sogar dankbar, dass ihm damals gekündigt worden war.

Nicht immer wird uns wie in diesem Fall deutlich werden, wie aus etwas scheinbar Schlechtem etwas Gutes entsteht. Nicht immer werden wir wünschen, dass es so gekommen ist, wie es gekommen ist. Doch selbst in solchen Fällen empfiehlt es sich, innezuhalten und sich zu fragen, wozu das Ganze gut war. Oder besser: wie wir daraus etwas Gutes machen können. Denn Leid und Schicksalsschläge tun zwar weh. Doch sie geben uns die Möglichkeit, an unserem Charakter und unseren Beziehungen zu arbeiten. Das macht selten Spaß. Aber es bringt uns voran. Wir können Demut lernen. Wir können Geduld lernen. Wir können Mitgefühl lernen. Und wir können lernen, die rosarote Brille abzunehmen, uns mit der Realität zu befassen und unser Leben neu zu gestalten. Im Rückblick werden wir dann oft feststellen: Schwere Zeiten haben uns zu dem gemacht, was wir sind. Und wir werden diesen Zeiten etwas Gutes abgewinnen können.

„Daher bin ich ein fast sorgloser Zuschauer und mache mir nichts aus den drohenden und wilden Papisten."

Sich als Beobachter fühlen

Wenn wir uns nicht wie Betroffene, sondern wie Außenstehende fühlen, können wir besser mit Leid umgehen, das uns andere antun. Denn das ist die Kategorie von Leid, an der wir besonders schwer zu tragen haben, ob nun unsere Gegner dafür verantwortlich sind oder unsere Lieben. Wenn Sie mich fragen, finde ich Letzteres schwerer wegzustecken. Aber unabhängig, von wem uns Übles angetan wird: Es ist nur natürlich, dass wir dies persönlich nehmen. Es kränkt uns. Es nagt an unserem Selbstwertgefühl. Wir fühlen uns nicht anerkannt, nicht geliebt. Wir haben Angst.

Anders sieht es aus, wenn wir eine außenstehende Person fragen. Sie hat die Distanz, um objektiver zu urteilen. Sie kann das Verhalten des anderen uns gegenüber eher verstehen und verzeihen. Denn sie hat ja nicht oder nicht so stark darunter zu leiden. Ihr fällt es daher leichter, sich in den anderen hineinzuversetzen. Und sie hat noch einen Vorteil im Vergleich zu uns: Sie sieht auch unseren Anteil an der Misere.

So, und jetzt versuchen Sie, in die Rolle der außenstehenden Person zu schlüpfen! Regen Sie sich also nicht auf, sondern wundern Sie sich eher über das Verhalten des Übeltäters! Sagen Sie sich etwas wie „Sieh mal einer an!" oder „Das ist ja was!". Sie werden sich besser fühlen. Nicht großartig, aber besser.

„Unheilvoll ist nämlich
die Gerechtigkeit dessen,
der andere mit sich vergleicht
und als Schlechtere nicht
ertragen will und über Flucht
und Trennung nachdenkt,
der doch durch seine Geduld und
sein Gebet und sein Beispiel
gegenwärtig und ihnen von
Nutzen sein sollte."

Andere annehmen

Sie können Leid, das Ihnen andere antun, aus der Perspektive eines Dritten betrachten (Trick A 10)? Wunderbar! Doch was, wenn Ihnen das einmal nicht gelingt? Wie können Sie sich trösten, wenn Sie verletzt sind und nicht so schnell darüber hinwegkommen?

Luthers Rat: Nehmen Sie die Person, die Sie verletzt hat, wie sie ist! Das Gute daran: Es wird Ihnen helfen, gar nicht erst verletzt zu sein. Denn wenn sich eine Person immer in einer bestimmten Weise verhält, dann hat das nichts mit Ihnen zu tun, sondern mit ihr. Nur mit ihr. Ich wiederhole: Es hat nichts mit Ihnen zu tun! Wenn eine Person zum Beispiel generell unzuverlässig ist, dann wird sie sich allen gegenüber entsprechend verhalten. Wenn Sie sich das vergegenwärtigen, fällt es Ihnen leichter, es nicht persönlich zu nehmen.

Wichtig: Versuchen Sie nicht, Ihre Mitmenschen zu verändern, auch nicht Ihre Lieben. Sie können niemanden ändern. Menschen können nur sich selbst ändern. Nehmen Sie Ihre Mitmenschen mit ihren Fehlern und Schwächen an! Vergeben Sie ihnen, auch wenn sie keine Einsicht zeigen (was zumeist der Fall ist). Das ist schwer, und ich wüsste gern ein anderes Hilfsmittel. Aber das gibt es leider nicht. Was es Ihnen leichter macht: das Bewusstsein, selbst Vergebung nötig zu haben.

„Es ist ein süßes, liebliches Kräutlein, das heißt Geduld."

Geduld haben

Gegen Traurigkeit ist kein Kraut gewachsen? Doch! Leider handelt es sich um ein bitteres Kraut: Geduld. Geduld macht wenig Spaß. Wir wollen alles sofort, am besten gestern.

Aber was hat Geduld mit Traurigkeit zu tun? Nun, wir sind traurig, weil etwas nicht so läuft, wie wir es gern hätten. Wir hätten es lieber anders, und zwar schnell. Wie schön wäre es, wenn der Bänderriss innerhalb eines Tages heilte! Wie schön wäre es, wenn wir nach dreimal Training Marathon laufen könnten! Sie sehen, ich übertreibe. Denn was unseren Körper angeht, sehen wir vielleicht ein, dass wir Zeit brauchen. Schwieriger wird dies, wenn es um unsere Beziehungen geht: Man könnte schier verzweifeln bei all dem, womit unsere Mitmenschen unsere Geduld auf die Probe stellen. Und genau das ist es, was wir im Umgang mit anderen brauchen: Geduld.

Bis Veränderungen greifen, und zwar so, wie wir es uns vorstellen, braucht es Zeit. Haben Sie Geduld mit Ihren Mitmenschen und besonders mit Ihren Lieben! Und haben Sie Geduld mit sich selbst! Ihre Mitmenschen brauchen Zeit, sich weiterzuentwickeln. Warum sollte das bei Ihnen anders sein? Sie können nicht von heute auf morgen perfekt sein. Egal, wie viel Mühe Sie sich geben: Sie werden Fehler machen. Es wird immer Luft nach oben geben. Bleiben Sie dran!

B Äußerer Trost

Wir kramen weiter in Luthers Trostkiste. Und was kommt zum Vorschein? Tricks, mit denen Sie sich etwas Gutes tun. Dann wird auch Ihre Stimmung besser. Ausprobieren!

Trost von außen

B1	Essen und trinken
B2	Musik hören
B3	Tageslicht suchen
B4	Aktiv sein
B5	Sich trösten lassen
B6	Professionelle Hilfe suchen
B7	Unter Menschen gehen
B8	Spaß mit anderen haben

„Wenn du traurig bist,
suche Trost,
welchen auch immer.
Ich erlaube dir außer
offensichtlichen Sünden
jeden Spaß, durch den
du Erholung suchst,
es sei essen, trinken,
tanzen, spielen, was es ist.“

Trost von außen

Luther stand mit beiden Beinen auf dem Boden. Er gönnte sich daher gern etwas Gutes – und gönnt es auch Ihnen.

Gesunden Menschenverstand einsetzen

Luther war kein Übermensch. Er war sich dessen bewusst und versuchte gar nicht erst, den gegenteiligen Eindruck zu erwecken. Dabei wäre ihm das bei seiner Persönlichkeit und seinen Leistungen möglich gewesen. Nein, er präsentierte sich als Mensch aus Fleisch und Blut. Er gab gern zu, dass er selbst Trost brauchte, wie wir gesehen haben (Seite 10 f.). Und er zeigte sich als Mensch mit Bedürfnissen – und diese gestand er auch anderen zu. Luthers Empfehlungen zum äußeren Trost sind daher nur menschlich. Sie lesen sich wie Binsenweisheiten. Aber wie es nun einmal mit Binsenweisheiten ist: Sie entspringen dem gesunden Menschenverstand. Sie sind zu Binsenweisheiten geworden, weil sie zu Recht oft wiederholt wurden und werden. Doch einen guten Rat zu kennen und ihn auszuführen – dazwischen liegen Welten. Luther hat sich daher nicht geschämt, seinen Lesern und Zuhörern diese einfachen Tipps zu geben. Und ich schäme mich nicht, sie hier zu präsentieren und zu erläutern. Jetzt müssen Sie diese Empfehlungen nur noch umsetzen.

Ruhig über die Stränge schlagen

Essen, trinken, unter Leute gehen – kann man es damit nicht übertreiben? Man kann. Doch bei traurigen Menschen drückte Luther ein Auge zu. Vor die Wahl gestellt, „nichts falsch zu machen und traurig zu sein“ oder „über die Stränge zu schlagen und fröhlich zu sein“, hätte Luther für Letzteres plädiert: „Manchmal muss man mehr trinken, spielen, Kurzweil treiben bis dahin, dass man eine Sünde begeht aus Hass und Verachtung gegenüber dem Teufel, damit wir ihm keinen Raum geben, dass er uns ein schlechtes Gewissen wegen Kleinigkeiten macht. Sonst werden wir besiegt, wenn wir zu ängstlich aufpassen, dass wir nicht sündigen. Daher, wenn einmal der Teufel sagt: ‚Trinke nicht!‘, antworte ihm folgendermaßen: ‚Und gerade deswegen will ich erst recht trinken, weil du es verbietest, und ich will umso mehr trinken.‘“ Und nach dem Motto „Wein predigen und Wein trinken“ fügte er hinzu: „Aus was für einem anderen Grund meinst Du, dass ich mehr trinke, freimütiger rede, häufiger esse, als um den Teufel zu verspotten und zu quälen, der sich darauf eingerichtet hatte, mich zu quälen und zu verspotten?“

Mit und ohne fremde Hilfe Trost suchen

Die ersten vier der folgenden Trosttricks können Sie allein umsetzen. Selbstverständlich lassen sie sich auch mit anderen zusammen anwenden. Bei den letzten vier in diesem Kapitel präsentierten Trosttricks sind Sie hingegen auf andere angewiesen. Zum Glück: Denn wenn Sie allein nicht aus einem Tief herauskommen – andere werden Ihnen gern dabei helfen.

„Ich esse, dass ich gutes Mutes bin. Du gibst mir zu essen, dass ich fröhlich werde, und schenkst mir einen frischen Trunk ein. Auf einem vollen Bauch steht ein fröhliches Haupt.“

Essen und trinken

Keine Sorge! Luther und ich wollen Sie nicht zum Frustessen verleiten – oder dazu, Ihren Kummer in Alkohol zu ertränken. Damit werden Sie Ihre Probleme nicht in den Griff bekommen, sondern sich neue Probleme schaffen. Nein, wir reden hier davon, dass Sie Ihrem Körper und damit Ihrer Seele etwas Gutes tun. Das darf gerne Wellness sein. Aber es geht auch einfacher und billiger (oder wenn Sie mögen, teurer): Essen Sie etwas Leckeres! Trinken Sie nicht nur Wasser (auch das tut gut!), sondern etwas, das Ihnen besonders mundet, ob das von Luther geschätzte Bier oder einen Latte macchiato.

Zelebrieren Sie das Essen! Nicht nebenbei und im Stehen. Nehmen Sie sich Zeit fürs Drumherum und fürs Schmecken und Kauen! Lassen Sie sich verwöhnen, und gehen Sie essen! Genießen Sie es, weder kochen noch abwaschen zu müssen!

Gönnen Sie sich einen Snack zwischendurch oder als Belohnung nach einem schwierigen Gespräch oder überhaupt fürs Durchhalten in schweren Zeiten! Und bedenken Sie: Nicht nur Schokoriegel sorgen für gute Laune, sondern auch Äpfel, Mandarinen und Weintrauben, ebenso Gurken, Möhren und Paprika. Lecker soll es sein, und schön angerichtet soll es sein: Behandeln Sie sich genauso gut wie Ihre Gäste! Das Auge isst schließlich mit. Und die Seele auch.

„Musik ist die beste Erfrischung für einen aufgewühlten Menschen, selbst wenn sie nur auf irgendeine Weise ertönt.“

Musik hören

Musik tut gut! Wohl dem, der selbst Musik machen kann! Das konnte ich am Vater einer Freundin beobachten. Es machte mir Freude, ihm beim Klavierspielen und Singen zuzuhören. Aber ich glaube, seine Freude war größer: „Musik hat etwas Heilendes, mehr als Worte“, sagte er mir.

Sie spielen wie ich kein Instrument? Und Sie können auch nicht gut singen? Macht nichts. Dafür gibt es genug andere, die uns damit eine Freude machen. Gönnen Sie sich Live-Musik! Das macht gute Laune, wie schon König Saul wusste: Wenn er Depressionen hatte, ließ er sich von David etwas auf der Harfe vorspielen. Wir sind zum Glück nicht wie Saul und Luther auf Live-Musik angewiesen. Drehen Sie die Boxen auf! Singen Sie mit, klatschen Sie mit, tanzen Sie mit! Spielen Sie Luftgitarre oder Luftschlagzeug! Und keine Angst vor Ohrwürmern: besser ein Ohrwurm als negative Gedanken.

Nur Vorsicht bei der Musikauswahl! Gelegentlich mag ein trauriger Titel das Richtige sein. Aber passen Sie auf, dass Sie sich nicht durch melancholische Musik weiter runterziehen lassen. Gute-Laune-Musik: Das ist es, was Sie brauchen. Davon gibt es mehr als genug, ob von aktuellen oder klassischen Meistern. Wie wäre es zum Beispiel mit Beethovens Neunter? „Freude, schöner Götterfunken!“

„Gott will, dass wir fröhlich sind, und hasst Traurigkeit. Wenn er nämlich wollte, dass wir traurig sind, gäbe er uns nicht die Sonne, den Mond und die anderen Früchte der Erde, die er uns alle zur Freude gibt. Er würde für Finsternis sorgen. Er ließe nicht mehr die Sonne aufgehen oder den Sommer zurückkehren."

Tageslicht suchen

Besser als Luther und ich können Ihnen Biochemiker erklären, warum wir Menschen Licht brauchen. Nicht künstliches Licht, sondern Tageslicht. So viel steht fest: Tageslicht tut uns gut. Es tut unserem Körper gut und damit unserer Seele. Wenn Sie die Rollläden geschlossen halten oder sich in den Keller verkriechen, schaffen Sie keine günstigen Voraussetzungen, in gute Stimmung zu kommen.

Denn es gilt: Das Licht, das den Raum erhellt, hellt auch Ihre Stimmung auf. Sorgen Sie dafür, dass Sie so oft und so lange wie möglich natürliches Licht genießen. Ja, „genießen" ist das richtige Wort. Arbeiten und entspannen Sie sich in Räumen, die lichtdurchflutet sind, eben nicht von Halogenlampen, sondern vom Licht, das die – idealerweise großen – Fenster hereinlassen.

Und halten Sie sich nicht nur in geschlossenen Räumen auf (auch Autos und Züge gehören dazu)! Suchen Sie das Tageslicht da, wo Sie es am intensivsten spüren: im Freien. Gehen Sie spazieren! Setzen Sie sich nach draußen! Verlegen Sie Ihre Arbeit ins Freie, wenn Ihr Chef es erlaubt. Am besten nehmen Sie ihn gleich mit. Denn draußen erwartet Sie nicht nur Tageslicht, sondern auch frische Luft. Und die macht ja bekanntlich den Kopf frei.

„Darum wollte ich Euer Fürstliche Gnaden, als einen jungen Mann, lieber vermahnen, immer fröhlich zu sein, zu reiten, jagen und anderer guter Gesellschaft sich befleißigen, die sich göttlich und ehrlich mit Euer Fürstliche Gnaden freuen können."

Aktiv sein

Sie kennen sicherlich das Mittel, das oft bei Liebeskummer empfohlen wird: Arbeit, viel Arbeit. Dieses Mittel hilft nicht nur bei Liebeskummer, sondern bei Kummer jeglicher Art. Doch Vorsicht: Die Tätigkeit darf nicht zu monoton sein. Wer strickt, bügelt oder stundenlang am Kopierer steht, kann immer noch trüben Gedanken nachhängen. Tun Sie etwas, was Ihre ganze Aufmerksamkeit erfordert! Und da Sie selten im luftleeren Raum arbeiten werden, kommen Sie automatisch mit anderen Menschen in Kontakt (Trick B 7).

Es muss übrigens nicht bezahlte Arbeit sein. Engagieren Sie sich ehrenamtlich! Das hilft nicht nur anderen, sondern auch Ihnen. Oder tun Sie etwas für sich, wie Modellflugzeuge bauen oder Spanisch lernen. Hauptsache, Sie tun etwas! Und wenn Sie sporteln, wie meine österreichischen Freunde zu sagen pflegen: Powern Sie sich aus! Laufen Sie! Radeln Sie wie ein Verrückter – gern auch auf dem Heimtrainer. Oder wie wäre es mit einer Teamsportart, wie Fußball oder Volleyball? Das hat zwar den Nachteil, dass man sich dazu verabreden muss, aber das ist zugleich auch ein Vorteil: Man fühlt sich verpflichtet hinzugehen. Oder wie wäre Gartenarbeit? Viele meiner Seminarteilnehmer (ich frage immer nach Hobbys) schwören darauf: Es bringe sie auf andere Gedanken, sagen sie. Und Tageslicht gibt es gratis dazu (Trick B 3).

„Und doch bin ich in diesen schlimmen Situationen oft erleichtert worden durch das Wort eines Bruders."

Sich tröSten lassen

Wie gut tut es, von einem lieben Menschen getröstet zu werden! Das sei Ihnen von Herzen gegönnt! Schon das Aussprechen Ihrer Not wird Sie erleichtern. Und noch mehr trösten wird es Sie, wenn Ihr Gesprächspartner es versteht, die richtigen Worte zu finden und wichtiger: Ihnen zuzuhören. Und es wird Ihnen helfen, wenn Sie spüren, dass er sich gerne Zeit für Sie und Ihr Anliegen nimmt.

Sie tun gut daran, sich jemandem anzuvertrauen, der sich in der gleichen oder einer vergleichbaren Situation befunden hat. Dann werden Sie ein „Ich verstehe dich" auch wirklich annehmen können. Sagen Sie, was Sie bedrückt! Je konkreter Sie werden, desto mehr kann sich Ihr Gegenüber in Ihr Leid einfühlen. Schämen Sie sich nicht Ihrer Tränen! Sie machen sich zwar verletzlich, je mehr Sie von sich und Ihren Gefühlen preisgeben. Doch zugleich ist dies die Voraussetzung dafür, echten Trost zu empfangen. Trost, der Sie berührt. Trost, der Ihnen Mut macht. Trost, von dem Sie lange zehren können.

Achtung: Überlegen Sie sich gut, wem Sie sich anvertrauen! Können Sie sich auf die Verschwiegenheit dieser Person verlassen? Und darauf, dass sie Ihnen das Anvertraute nicht später aufs Butterbrot schmiert? Gut! Wenn Sie sicher sind, dass Sie jemandem Ihr Herz ausschütten können, dann tun Sie es!

„Meine M., Du musst nicht Deinen Gedanken, noch des Teufels Gedanken glauben, sondern uns Predigern, welchen Gott befohlen hat, die Seelen zu unterrichten, zu trösten und zu absolvieren."

Professionelle
Hilfe suchen

Es gibt Menschen, die dazu berufen sind, andere zu trösten. Deswegen haben sie es auch zu ihrem Beruf gemacht. Luther kannte noch keine Psychologen, Therapeuten, Traumatologen oder Lebensberater. Für ihn waren die Priester für Trost zuständig. Und auch heute noch muss sich ein Priester oder Pastor, der ein guter Seelsorger ist, hinter keinem approbierten Therapeuten verstecken. Sei's drum: Wenn's hart auf hart kommt, holen Sie sich professionelle Hilfe! Beim Priester, Pastor oder Therapeuten wird es Sie in den meisten Fällen nicht einmal etwas kosten. Und selbst wenn: Wo können Sie Ihr Geld besser anlegen als in Stunden, die Sie wahrhaft trösten und Ihnen dadurch helfen, eine Krise zu überwinden?

Ihr professioneller Tröster sollte die drei Kriterien erfüllen, die Luther nennt: unterrichten, trösten, absolvieren. Er sollte Sie erstens unterrichten: Nicht umsonst gibt es eine Wissenschaft von der Seele. Geben Sie sich daher nicht mit Ihren Erkenntnissen als Hobby-Psychologe zufrieden! Nehmen Sie Rat und auch Korrektur von einem Profi an! Er sollte Sie zweitens trösten: Wer einen Doktortitel in Psychologie hat, ist damit noch kein guter Tröster. Was Sie brauchen, ist Anteilnahme, Mitgefühl und Zuspruch. Er sollte Ihnen drittens Absolution erteilen: Ihr Tröster sollte Ihnen dabei helfen, mit Gott und sich ins Reine zu kommen und sich selbst zu vergeben.

„Wer aber vom Geist der Traurigkeit gequält wird, der soll sich besonders davor hüten, allein zu sein.“

Unter Menschen gehen

Wenn Sie mit sich und Ihren Sorgen, Nöten und Ängsten allein bleiben, riskieren Sie, in eine Negativspirale zu geraten. Die Probleme werden größer und die Zuversicht kleiner. Sehen Sie daher zu, dass Sie unter Menschen kommen. Das geht auch, ohne dass Sie sich mit jemandem verabreden. Es ist schon ein Unterschied, ob Sie allein am Wohnzimmertisch oder allein an einem Cafétisch sitzen. Sie sind für sich, aber nicht allein.

Noch mehr aufmuntern wird es Sie, wenn Sie sich mit Freunden, Nachbarn oder Verwandten treffen. Vielleicht müssen Sie sich dazu erst überwinden. Doch hoffentlich wird Ihnen schon die Vorfreude auf einen schönen Abend Auftrieb geben. Und die Erinnerung daran ebenfalls. Warten Sie nicht, bis Sie gefragt oder eingeladen werden! Gehen Sie auf andere zu! Laden Sie sie zu sich nach Hause ein! Oder in ein Restaurant!

Sie können ihnen Ihr Leid klagen, Sie müssen es aber nicht. Schon die Anwesenheit einer lieben Person kann Sie trösten. Und versuchen Sie, gut zuzuhören! Sie lenken sich so von Ihren Problemen ab und erweitern Ihren Horizont. Und nebenbei bekommen Sie mit, dass es die anderen auch nicht leicht haben. Doch Vorsicht vor Leuten, die Sie weiter runterziehen! Umgeben Sie sich lieber mit Menschen, die Ihnen guttun!

„Und so oft Dich der Teufel mit
solchen Gedanken quält,
dann suche umgehend die
Gesellschaft der Menschen,
oder trink mehr oder spiel etwas,
mach etwas Kurzweiliges oder
etwas anderes Heiteres."

Spaß
mit anderen haben

Zum Glück gibt es sie: Menschen, mit denen man gut lachen kann. Und viel lachen kann. Bis der Bauch weh tut. Das sind die richtigen Leute für Sie, wenn Sie mal nicht gut drauf sind. Lassen Sie sich von ihrer guten Laune anstecken! Sie müssen sich nur gegenseitig die Bälle zuspielen. Bälle des Humors. Seien Sie ausgelassen, machen Sie Blödsinn! Seien Sie jedoch vorsichtig mit Ironie oder Witzen, die verletzen könnten.

Wenn Sie wollen, können Sie der guten Laune auf die Sprünge helfen: Spielen Sie ein verrücktes Spiel! Schauen Sie sich einen lustigen Film an! Sehen oder hören Sie sich Sketche an! Oder führen Sie welche auf! Besuchen Sie ein Kabarett! Lesen Sie sich gegenseitig lustige Geschichten, Anekdoten oder Witze vor!

Es müssen nicht immer Schenkelklopfer sein. Gönnen Sie sich auch andere Formen der Unterhaltung: Gehen Sie gemeinsam ins Kino! Oder besuchen Sie ein Konzert (Trick B 2)! Oder eine Ausstellung. Oder einen Zoo. Oder spielen Sie ein Videospiel: Zeigen Sie es den Monstern! Und Cristiano Ronaldo! Und vor allem Ihren Mitspielern.

Unternehmen Sie in netter Gesellschaft etwas Schönes! Wenn Sie unternehmungslustig sind, kommt der Spaß von selbst.

C Göttlicher Trost

Das Beste finden wir in Luthers Trostkiste ganz unten: Seiner Erfahrung nach sind die göttlichen Tricks besonders wirksam. Wirksamer als sein eigener Trost.

Trost von Gott

C1 Auf Christus schauen

C2 Auf Gottes Fürsorge vertrauen

C3 Bibel lesen

C4 Beten

C5 Für sich beten lassen

C6 Vergebung annehmen

C7 Gott Loblieder singen

C8 Sich auf den Himmel freuen

„Menschentrost und
Gottestrost ist zweierlei:
Menschentrost steht in
äußerlicher ansehnlicher
Hilfe, die man sehen,
greifen und fühlen kann;
Gottestrost aber steht
allein im Wort und
Verheißungen,
da weder sehen, hören
noch fühlen ist.“

Trost von Gott

Luther war ein frommer Mann. Er glaubte daran, dass der größte und nachhaltigste Trost in Gott liegt.

Sich auf das Unsichtbare konzentrieren

Luther wusste inneren und äußeren Trost zu schätzen, wie man an seinen Trosttricks A 1–12 und B 1–8 sehen kann. Doch für wirksamer hielt er göttlichen Trost. Dies geht zum einen aus solchen Zitaten hervor wie „Was ist die Welt gegen Gott?“ und „Das Fleisch hat hier keinen Trost, man muss sich an den Geist halten“ sowie aus der von ihm häufiger verwendeten Formulierung „Der Gott alles Trostes“. Zum anderen zeigt sich dies daran, dass Luther in jedem seiner Trostbriefe auf diesen göttlichen Trost hinwies. Ihm war jedoch bewusst, dass sich dessen Wirksamkeit nur dem Glaubenden erschließt. So schrieb er in einem Brief nach dem tröstenden Hinweis, dass Gottes Wille am allerbesten sei: „Wiewohl man das nicht so fühlen kann wie dies, der Glaube fühlt es aber.“

Doch wie kann der Glaube diesen Trost fühlen? Dazu richtete Luther das Augenmerk des Lesers auf das nicht Sichtbare: „Aber wir müssen uns kehren mit dem Angesicht an das Unsichtbare der Gnade und nicht an das Sichtbare des Trostes.“

Die Bibel als Basis des Trostes nehmen

Und woher schöpfte Luther die Informationen über diese Form von Trost? Aus der Bibel. Seelische Leiden seien so am besten zu heilen, wie er in seiner bildhaften Sprache in einem Brief schrieb: „Ihre Krankheit ist nicht, wie man sagt, eine Apothekerkrankheit, noch mit Umschlägen des Hippokrates zu behandeln, sondern mit Pflastern der Schrift und des Wortes Gottes." Damit diese Behandlung anschlagen konnte, setzte Luther bei den Lesern seiner Trostbriefe eine gewisse Bibelkenntnis voraus. Nur so konnten sie die Bezüge auf biblische Personen, aber auch auf die biblisch begründeten Inhalte verstehen, wie Luther selbst in einem Brief betonte: „Darum, weil Ihr nun Gottes Wort reichlich erkannt habt, hoffe ich, Ihr werdet Euch wohl wissen zu üben, dass Ihr an Gottes Gnade und väterlichem Willen mehr Freude habt, denn der Schmerz sein kann an Eurem Schaden."

Christi Trost höher einstufen als Luthers Trost

Luther verwendete viel Energie darauf, seine Briefpartner zu trösten. Und er war ein guter Tröster, wie wir in diesem Buch auf Seite 30f. gesehen haben. Zugleich war er sich der Begrenztheit seines Trostes bewusst und hielt den Trost Christi für wirksamer. So schrieb er in einem Brief: „Solches habe ich mit Euch in der Eile, als mit meiner besten Freunde einem, wollen reden, und hoffe, unser lieber Herr Christus werde mit seinem Heiligen Geist Euer Herz gegenwärtig selbst wohl besser trösten." Auf den Trost Christi wies er immer wieder hin. Und deshalb befassen wir uns nun als Erstes mit diesem Trost.

„Zum andern wisset Ihr, liebe Mutter, auch das rechte Hauptstück und Grund Eurer Seligkeit, worauf Ihr Euren Trost setzen sollt in dieser und allen Nöten, nämlich den Eckstein, Jesum Christum, der uns nicht wanken noch feilen wird, auch uns nicht sinken noch untergehen lassen kann."

Auf Christus schauen

Wie gut, dass wir liebe Menschen haben, die uns trösten (Trick B5). Aber so treu sie auch sein mögen und so gut sie es auch mit uns meinen: Sie alle haben ihre Grenzen. Sie alle haben ihre schwachen Stunden. Sie sind eben auch nur – Menschen.

Es gibt nur einen, zu dem Sie immer kommen können: Jesus Christus. Er ist Gottes Sohn, und deswegen können Sie sich auf ihn verlassen. Sie werden nie von ihm enttäuscht werden. Er wird da sein, wenn Sie ihn brauchen. Das ist die erste Voraussetzung für den perfekten Tröster.

Und die zweite Voraussetzung? Dass er Sie versteht und mit Ihnen fühlen kann. Auch das kann Jesus: Schließlich war er Mensch und hat gelitten wie kein Zweiter. Seine körperlichen Qualen am Kreuz sind nicht zu beschreiben. Sie werden nur noch übertroffen von seinen seelischen Qualen. Mit den Sünden der Welt beladen zu sein, dafür bestraft und von Gott verlassen zu werden: Was das für ihn, den Sündlosen, bedeutete, können wir kaum erahnen. Und: Jesus war Mensch und kennt daher Angst. Auch die Angst vor dem Tod. Aber er hat den Tod besiegt. Das ist die dritte Voraussetzung für den perfekten Tröster: dass er stark ist und dass er ein Überwinder ist. Denn nur dann kann er uns so stark machen, dass wir nichts mehr zu fürchten haben. Wenn das kein Trost ist!

„Aus unserer Erfahrung erkennen und sehen wir, wie der Herr sich bis zu dieser Stunde um uns gekümmert und uns all das Gute gegeben hat."

Auf Gottes Fürsorge vertrauen

Gott, unser Vater, meint es gut mit uns. Wenn wir das verinnerlicht haben, wenn wir davon überzeugt sind, wenn wir es uns immer wieder vor Augen führen, dann fällt es uns leichter, schwere Zeiten durchzustehen. Wir sehen dann nämlich das Leid, das uns zustößt, mit anderen Augen. Vielleicht noch nicht mit den Augen Gottes. Aber wir wissen zumindest, dass er auch Leid zu unserem Besten zulässt. Noch eine Stufe weiter sind wir, wenn wir von Herzen sagen können, dass Gott gerade Leid zu unserem Besten einsetzt.

Gott, unser Vater, hat einen Plan mit uns. Manche Male werden wir diesen Plan sogleich verstehen. Manche Male erst im Nachhinein. Und manche Male gar nicht. Wie Kinder: Sie verstehen auch nicht immer den Plan ihrer Eltern, selbst wenn sie sich darum bemühen. Es gehört kindliche Demut dazu, sich auf Gottes Fürsorge zu verlassen. Unserem Stolz passt das zwar nicht. Aber wir bekommen dafür etwas anderes, etwas, was uns sonst niemand auf der Welt geben kann, jedenfalls nicht in dieser Form und in dieser Fülle: Geborgenheit.

Gott, unser Vater, ist mit uns. Er ist der Schöpfer aller Dinge. Er hat eine Macht, die wir uns nicht vorstellen können. Mit ihm im Rücken müssen wir vor nichts und niemandem Angst haben.

„Solches habe ich jetzt E. K. F. G. in der Eile zum Trost geschrieben. E. K. F. G. wollt es gnädiglich annehmen und sich weiter im Psalter und der Heiligen Schrift, die allerlei Trostes voll ist, ergötzen."

Bibel lesen

Für Luther ist die Bibel das beste Trostbuch. Wenn Sie die von ihm empfohlenen Passagen lesen, werden Sie ihm zustimmen. Die von Luther gerühmten „Psalter“, heute sprechen wir von „Psalmen“, enthalten Lieder und Gebete, die voll sind von Trauer, Wut, Enttäuschung und Klagen. Geschrieben von Menschen, Menschen wie uns.

Als der leidende Mensch schlechthin wird der heute noch sprichwörtliche Hiob dargestellt. Er verlor alles: seine Familie, seinen Besitz und seine Gesundheit. Und selbst seine Freunde, die ihm beistehen wollten, bezeichnete er als „leidige Tröster“. Wenn Sie seine Geschichte lesen, wird es Ihnen automatisch besser gehen (Trick A8). Welche der großen Persönlichkeiten der Bibel Sie auch anschauen, sie alle hatten zu leiden, und nicht zu knapp: Abraham wartete jahrzehntelang auf den versprochenen Stammhalter. Joseph wurde von seinen Brüdern in die Sklaverei verkauft. Mose wurde von seiner Mutter weggegeben. David wurde verfolgt, nicht nur von seinen Feinden, sondern vom eigenen Sohn. Der Prophet Elia wollte vor Verzweiflung Selbstmord begehen. Wie sie alle mit Gottes Hilfe ihre Krisen überwunden haben, wird Ihnen Mut machen.

Und dann ist die Bibel noch voll von tröstenden Worten. Die werden Ihnen guttun – wie unzähligen Menschen vor Ihnen.

„Also, was immer Dir fehlt: Wirf Dich vor dem Herrn Jesus nieder, und bitte ihn darum!“

Beten

„Hier hilft nur noch beten“, pflegt man in ausweglosen Situationen zu sagen. Stimmt sogar! Wobei: Sehen Sie Gebet nicht nur als letzten Strohhalm an, zu dem Sie erst greifen, wenn Sie alle anderen Mittel ausgeschöpft haben. So sind wir Menschen: Wir versuchen es erst einmal selbst hinzubekommen. Ich bin da keine Ausnahme. Es spricht zwar nichts dagegen, in höchster Not zu beten, im Gegenteil. Tun Sie es! Aber noch viel mehr spricht dafür, schon vorher zu beten. Das gibt Ihnen früher Ruhe, Ruhe für Ihre Seele. Und Sie geben Gott früher die Möglichkeit, in Ihr Problem hineinzuwirken. Das ist wie beim Zahnarzt: Je eher Sie ihn mit einem Loch im Zahn aufsuchen, desto besser. Klagen Sie Gott Ihr Leid! Geben Sie Ihre Sorgen bei ihm ab! Bitten Sie ihn um Hilfe! Bitten Sie ihn um Trost!

Wie Sie zu Gott beten sollen? Hierzu bedarf es keiner besonderen Worte, geschweige denn bestimmter Formeln. Sagen Sie ihm einfach, was Sie auf dem Herzen haben und was Sie bedrückt! Tragen Sie ihm Ihre Bitten vor! Und wenn Sie selbst zum Beten zu schwach sind, dann sprechen Sie ein Stoßgebet wie „Herr, hilf mir!“. Neben Klagen und Bitten können Ihnen auch andere Formen des Gebetes helfen: das Lob Gottes, das Dankgebet und die Fürbitte für andere. Das alles wird Ihnen guttun und somit zum Trost gereichen.

„Ich bitte aber darum, dass Du weiterhin im Glauben in Deinen Gebeten an mich denkst, wie auch wir an Dich denken."

Für sich beten lassen

In meiner Kirchengemeinde gibt es nach dem Gottesdienst die Möglichkeit, für sich beten zu lassen. Ich bin immer wieder erstaunt, dass die Schlange nicht länger ist. Eigentlich hätte doch jeder Grund genug, dieses tolle Angebot zu nutzen, denke ich. Ich selbst habe es häufiger in Anspruch genommen und fühlte mich danach immer getröstet. Dass sich jemand für mein Anliegen bei Gott einsetzt, ist eine Form der Anteilnahme, die mein Herz bewegt. Erst recht, wenn ich live dabei bin. Ich freue mich jedoch auch, wenn ich weiß, dass jemand in der Ferne für mich betet.

Sie brauchen nämlich nicht den Rahmen einer Gemeinde, um für sich beten zu lassen. Bitten Sie einen Freund oder eine Freundin, für Sie zu beten! Bilden Sie ein Tandem: Jeder teilt dem anderen seine Anliegen mit. Und dann beten Sie füreinander. Es muss nicht einmal ein Freund oder eine Freundin sein. Er oder sie muss Ihnen zunächst nicht einmal besonders sympathisch sein. Wirklich! Das kommt von selbst, wie ich erfahren habe. Gemeinsames Gebet schweißt zusammen.

Das Gebet schenkt Ihnen nicht nur Trost und eine gute Beziehung zu Ihrem Gebetspartner. Es kann auch darüber hinaus etwas bewirken. Etwas Großes. Das durfte ich selbst erleben, und das wünsche ich auch Ihnen.

„Darum sei zufrieden und getrost,
Dir ist Deine Sünde vergeben.
Darauf verlasse Dich kühn und
gehorche allem, was Deine
Pfarrherren und Prediger sagen!
Verachte ihr Wort und
Trost nicht!“

Vergebung annehmen

Wissen Sie, was mich besonders traurig stimmt? Was mich über Wochen hin fast handlungsunfähig macht, wenn ich nicht aufpasse? Jetzt kommt's: mein schlechtes Gewissen! Das zieht mich wirklich runter. Wenn ich mich mit Fehlern beschäftige, für die ich mich schäme und die ich am liebsten rückgängig machen würde. Wenn ich jemanden verletzt habe, besonders jemanden von meinen Lieben. Wenn ich weiß, dass ich Unrecht getan habe.

Ihnen geht es sicherlich ähnlich wie mir: Ich tue mich schon schwer damit, anderen zu vergeben. Aber mindestens genauso schwer fällt es mir, mir selbst zu vergeben. Und jetzt kommt die gute Nachricht: Ich muss mir gar nicht vergeben! Auch wenn ich ein übler Schurke bin (und das bin ich, glauben Sie mir!): Ich bin frei von Schuld, weil Jesus Christus sie auf sich genommen hat. Mir ist vergeben. Das muss ich nur annehmen. Und dann weiß ich: Ich bin okay, wie ich bin und mit allem, was ich angestellt habe. Das ist kein Freibrief für schlechte Taten und es bewahrt mich auch nicht vor den Konsequenzen, die sie mit sich bringen. Doch anstatt über die Vergangenheit zu grübeln, kann ich den Blick nach vorn richten. Und versuchen, es besser zu machen. Das gelingt mir zwar leider nicht immer. Aber dann darf ich erneut Vergebung in Anspruch nehmen. Das ist ein Trost!

„Denn die Schrift lehrt mich,
er höre gerne fröhlichen Gesang
und Saitenspiel. Und greift frisch
in die Tasten und singt drein, bis
die Gedanken vergehen."

Gott Loblieder singen

Gott ist der Schöpfer aller Dinge – auch der Musik. Er freut sich, wenn wir an ihr unsere Freude haben (Trick B 2). Er freut sich doppelt, wenn wir sie dazu nutzen, ihm unser Lob und unsere Liebe auszudrücken. So kommen wir auf andere Gedanken, auf gute Gedanken! Unser Blick löst sich von unseren Problemen, Sorgen und Ängsten. Wenn wir uns mit Gott als dem Inbegriff alles Guten beschäftigen, können wir nicht anders, als gute Laune zu bekommen. Wenn wir Jesus Christus Loblieder singen für das, was er ist und was er für uns getan hat, dann erfüllt uns dies. Das ist ja wie im Himmel! Apropos Himmel, was sagt die Bibel über den Himmel? Einiges, darunter auch, dass wir Gott Loblieder singen werden. Eine wahrhaft himmlische Beschäftigung!

Zurück zum Hier und Jetzt! Es gibt für jeden Geschmack wunderbare Sammlungen von Anbetungsliedern zu kaufen. Sie sind also nicht auf Mitsänger angewiesen, um Gott Loblieder zu singen. Allein schon das Zuhören – oder bei Video-Clips: Zuschauen – wird Ihnen Freude machen. Und das Mitsingen erst recht.

Doch wie immer bei Musik gilt auch hier: besser gemeinsam als einsam! Mit anderen zusammen Gott zu loben ist eine großartige Sache.

„Wir sollen aber den Schmerzen widerstehen und uns mit Erkenntnis der ewigen Seligkeit trösten.“

Sich auf den Himmel freuen

Keiner freut sich darüber, wenn er leiden muss. Erst recht nicht, wenn sich sein Leiden über Jahre hinzieht, vielleicht sogar über Jahrzehnte, im schlimmsten Fall ein ganzes Leben lang. Wer will das schon kleinreden? Doch was ist das längste Leben gegen die Ewigkeit? Der Mensch ist ein Hauch, wie es in der Bibel heißt. Tja, so ist es: Das Leben ist nicht nur hart, sondern auch kurz. Sehr kurz. Fragen Sie doch einmal alte Leute, wo die Zeit geblieben ist. Brauchen Sie aber gar nicht, fragen Sie sich selbst! Und trösten Sie sich damit, dass nicht nur Ihr Leben ein Hauch ist, sondern auch Ihr Leiden. Verglichen mit der Ewigkeit, wohlgemerkt. Wohl dem, der sich auf diese Ewigkeit freuen kann!

Denn Leiden lassen sich leichter ertragen, wenn ein Ende absehbar ist. Wenn es Hoffnung gibt. Diese Hoffnung haben wir als Christen, was unser Leid hier auf Erden angeht: Wir können uns auf den Himmel freuen, auf die ewige Seligkeit. Ewig! Das ist eine starke Hoffnung. Und ein starker Trost.

Ich muss zugeben: Ob ich traurig oder fröhlich bin, es fällt mir schwer, meinen Blick auf das Leben nach dem Tod zu richten. Wenn ich es aber tue, dann hilft mir das mehr als alles andere. Frieden zieht in mein Herz ein. Und damit schon jetzt ein kleines Stück Himmel.

Drei Tipps für Tröster

Auch als Tröster können Sie von der Trostkiste profitieren. Noch mehr aber dürften Ihnen die drei folgenden Tipps helfen.

„Solch Euer Traurigkeit
und Schmerzen
ist mir wahrlich
von Herzen leid."

Gute Tröster gesucht

Jeder kann Trost und damit auch Tröster gebrauchen. Gute Tröster. Sie gehören bestimmt dazu, oder?

Da sein

Luther war ein viel beschäftigter Mann. Doch für Trost nahm er sich immer Zeit. Wie auf Seite 25 f. gesagt, belegen das die zahlreichen Trostbriefe. In einem dieser Briefe heißt es: „Ich schreibe nur kurz, da ich äußerst beschäftigt bin." Womit wir bei der ersten Empfehlung wären: Ihr Trost muss nicht perfekt sein. Sie müssen nur da sein! Denn das ist es, was viele Trostsuchende beklagen: dass sich Menschen von ihnen zurückziehen. Der Grund? Meiner Einschätzung nach Unsicherheit. Man weiß nicht, wie man mit einer Person umgehen soll, die Schweres zu ertragen hat. Man hat Angst, etwas Falsches zu sagen. Man hat Angst, mit dem Leiden konfrontiert zu werden.

Seien Sie da! Hören Sie zu! Sie müssen gar nicht viel reden. Als ich fünfzehn Jahre alt war, musste mein Großvater sich einer lebensgefährlichen Operation unterziehen. In den anschließenden Wochen saß ich jeden Tag einige Stunden an seinem Krankenbett, ohne einen Ton zu sagen. Jahre später noch erzählte er, wie sehr ihm das gutgetan habe.

Verständnis äußern

„Ich verstehe dich" – drei Worte, die alle gern hören, Trostsuchende besonders. Versuchen Sie bloß nicht, das Leid Ihrer Mitmenschen kleinzureden, in der Hoffnung, sie damit aufzumuntern. Nehmen Sie ihr Leid ernst! Zeigen Sie Verständnis, und zwar von Herzen! So wie Luther. Seiner Meinung nach ist es nur natürlich (in seinen Worten „billig"), Trauer zu empfinden: „Billig nach der Liebe recht weh tun" müsse der Tod der lieben Ehefrau, schrieb er einem Witwer. Einer Witwe schrieb er entsprechend: „Es ist mir Euer Unfall sehr leid, kann's wohl glauben, dass solch Scheiden Euch weh tun muss, wäre auch nicht gut, wenn's Euch nicht weh täte, denn das wäre ein Zeichen kalter Liebe."

Mitgefühl zeigen

Eine Stufe weiter gehen Sie, wenn Sie Mitgefühl zeigen. Luther tat dies in nahezu jedem seiner Trostbriefe. So schrieb er zum Beispiel: „Wie ist mir Eure Traurigkeit und Unfall so herzlich leid, das weiß Gott, der mein Seufzen sieht und hört."

Besonders glaubwürdig wirkt Ihr Mitgefühl, wenn Sie sich dabei auf vergleichbare Erlebnisse berufen können. So schrieb Luther einem Vater, der seinen Sohn verloren hatte: „Ich bin auch ein Vater und habe meiner Kinder etliche sterben sehen, auch anderes größeres Elend, denn der Tod ist, gesehen und weiß, dass solche Sachen weh tun." Machen Sie sich nicht zu viele Gedanken, was Sie sagen und wie Sie es sagen. Hauptsache, Ihr Gegenüber merkt, Ihr Mitgefühl kommt von Herzen.

Quellen

Auf der Kiste steht „Luther“ drauf, in der Kiste ist auch Luther drin: Alle Trosttricks stammen vom Meister selbst. Sie wollen wissen, wo und wann er was gesagt hat? Hier steht’s!

Trost aus erster Hand

Ich habe – wie immer bei Meistertricks – die Zitate den Quellen entnommen, in diesem Fall der Weimarer Ausgabe (WA) außer bei Philipp Melanchthon und Justus Jonas. Die lateinischen Zitate habe ich neu übersetzt, die deutschen Zitate bisweilen behutsam modernisiert und die Zeichensetzung angepasst.

Einführung

S. 2

„Ich sehe es als höchsten Beweis Deiner Gunst mir gegenüber an, wenn Du meinen Trost annimmst.“ Brief vom 21. August 1544 an Georg Spalatin, WA, Briefwechsel, Nr. 4021, Band 10, S. 640, Zeile 62–64.

Luther als Trostbedürftiger

S. 8

„Wenn ich jetzt stürbe und man mich aufschnitte, so würde man sehen, dass mein Herz ganz und gar eingeschrumpft wäre vor Wehklagen und Traurigkeit meiner Seele.“ WA, Tischreden, Nr. 1550, Band 2, S. 129, Zeile 1–3 (20. Mai 1532).

S. 10

„Aber ich habe mir überlegt, dass ich viel eher einen Brief von Dir nötig hätte, der meinen Geist wieder aufrichtet." Brief vom 10. November 1539 an Johann Mantel, WA, Briefwechsel, Nr. 3405, Band 8, S. 596, Zeile 5f.

„Ich danke Dir, lieber Justus, dass Du für mich den Herrn bittest und mich tröstest, beides brauche ich zur Zeit. Daher bitte ich Dich, dass Du nicht aufhörst, intensiv für mich zu beten und mich zu trösten, denn dieser Kampf geht über meine Kräfte." Brief vom 12. August 1527 an Justus Menius, WA, Briefwechsel, Nr. 1128, Band 4, S. 228, Zeile 1–4. Er sei nicht nur körperlich, sondern auch besonders seelisch schwer krank (Zeile 5f.).

„Ich habe zusätzlich zu dem, was ich neulich geschrieben habe, mehr als eine ganze Woche in Tod und Hölle gelegen, so dass ich am ganzen Körper verwundet jetzt noch an den Gliedern zittere. Ich hatte fast gänzlich Christus verloren und wurde in den Fluten und Stürmen der Verzweiflung und Lästerung gegen Gott hin und her geworfen." Brief vom 2. August 1527 an Philipp Melanchthon, WA, Briefwechsel, Nr. 1126, Band 4, S. 226, Zeile 8–11.

S. 11

„Höre auch Du nicht auf, für mich zu beten, wie auch ich für Dich." Brief vom 2. August 1527 an Philipp Melanchthon, WA, Briefwechsel, Nr. 1126, Band 4, S. 226, Zeile 13 bis S. 227, Zeile 14 (die Zeilen werden seitenübergreifend gezählt).

„Bete für mich schwaches Gefäß." Brief vom 23. Mai 1528 an Justus Menius, WA, Briefwechsel, Nr. 1274, Band 4, S. 469, Zeile 7.

„Ich danke Dir, lieber Agricola, für den Trost, den Du mir gespendet hast, indem Du schreibst, dass Deine Gemeinde besorgt sei und für mich bete. Gott tröste auch Euch in Eurer Drangsal. Und ich bitte Euch, dass Ihr nicht aufhört, mich zu trösten und für mich zu beten, denn ich bin schwach und arm." Brief vom 21. August 1527 an Johann Agricola, WA, Briefwechsel, Nr. 1132, Band 4, S. 235, Zeile 3–6.

„Das menschliche Leben ist ein großes Elend." WA, Tischreden, Nr. 2400 b, Band 2, S. 448, Zeile 40 (10. Januar 1532).

„Es ist doch ja dies verfluchte Leben nichts anderes denn ein rechtes Jammertal, darin man je länger je mehr Sünde, Bosheit, Plage und Unglück sieht und erfährt, und ist des alles kein Aufhören noch Abnehmen da, bis man uns mit der Schaufel nachschlägt." Brief vom 15. Februar 1530 an seinen Vater Hans Luther, WA, Briefwechsel, Nr. 1529, Band 5, S. 240, Zeile 64–68.

„Der ich mich genug so viele Jahre gequält habe und sehr würdig und sehr wert bin, Euch voranzugehen. So bitte ich, dass der Herr mich an Deiner Stelle krank werden lässt und mich meine Hütte ablegen heißt, die unnütz, ausgedient und erschöpft ist." Brief vom 9. Januar 1541 an Friedrich Myconius, WA, Briefwechsel, Nr. 3566, Band 9, S. 303, Zeile 16–19.

S. 12

„Mein Vater ist ein armer Bergmann gewesen. Die Mutter hat all ihr Holz auf dem Rücken heimgetragen, womit sie uns erzogen hat. Harte Mühsal haben sie erduldet, welche die Welt nicht mehr erträgt." WA, Tischreden, Nr. 2888 b, Band 3, S. 51, Zeile 11–14 (2. bis 26. Januar 1533).

„Man soll die Kinder nicht zu hart stäupen. Denn mein Vater stäupte mich einmal so sehr, dass ich vor ihm floh und dass ihm bange war, bis er mich wieder an sich gewöhnt hatte.“ WA, Tischreden, Nr. 1559, Band 2, S. 134, Zeile 5–7 (20. Mai 1532).

„Meine Eltern haben mich sehr streng bis zur Verzagtheit bestraft. Meine Mutter stäupte mich um einer einzigen Nuss willen bis zum Blutvergießen. Und so haben sie mich mit strenger Erziehung schließlich ins Kloster getrieben, wiewohl sie es herzlich gut gemeint haben, aber ich war so verzagt.“ WA, Tischreden, Nr. 3566 a, Band 3, S. 415, Zeile 28 bis S. 416, Zeile 3 (28. März bis 27. Mai 1537). – Luthers Empfehlung lautet daher in Zeile 4–6: „Man muss so strafen, dass der Apfel bei der Rute sei. Denn es ist ein Übel, wenn Kinder und Schüler den Mut verlieren gegenüber Eltern und Lehrern.“

„Es ist ein Teil der Lehrer so grausam wie die Henker. Also ich wurde einmal an einem Vormittag fünfzehnmal geschlagen, ohne jede Schuld, außer dass ich deklinieren und konjugieren sollte und hatte es nicht gelernt.“ WA, Tischreden, Nr. 5571, Band 5, S. 254, Zeile 7–10 (Frühjahr 1543).

S. 13

Und Luther selbst war auch „nicht gern und leidenschaftlich“ Mönch geworden, wie er später seinem Vater schrieb. Brief vom 21. November 1521 an seinen Vater Hans Luther, WA, Schriften, Band 8, S. 573, Zeile 31f.

„Denn ich hätte mich (wenn es länger gewährt hätte) zu Tode gemartert mit Wachen, Beten, Lesen und anderer Arbeit.“ Die kleine Antwort auf Herzog Georg nächstes Buch, 1533, WA, Schriften, Band 38, S.143, Zeile 28f.

„Denn ich war damals unter dem Papst ein sehr trauriger Mönch und befand mich immer in den größten Drangsalen.“ WA, Tischreden, Nr. 4362, Band 4, S. 261, Zeile 2f. (22. bis 26. Februar 1539).

„Sobald ich ins Kloster eingetreten war, kam es, dass ich immer traurig und schwermütig wurde, und ich konnte diese Traurigkeit nicht ablegen. Deswegen suchte ich Rat und offenbarte mich Dr. Staupitz.“ Brief vom Juli (?) 1530 an Hieronymus Weller, WA, Briefwechsel, Nr. 1670, Band 5, S. 519, Zeile 25–28.

„Und wenn mir D. Staupitz oder vielmehr Gott durch Doctor Staupitz nicht herausgeholfen hätte, so wäre ich darin ersoffen und längst in der Hölle. Denn solche teuflischen Gedanken machen zuletzt, wo blöde Herzen sind, verzweifelte Leute, die an der Gnade Gottes verzagen.“ Brief vom 23. Februar 1542 an Graf Albrecht von Mansfeld, WA, Briefwechsel, Nr. 3716, Band 9, S. 627, Zeile 23–27. (Doktortitel verschieden geschrieben!)

S. 14

„Da wurde mir der Kopf so toll davon, dass ich in fünf Nächten kein Auge zutat, und ich lag krank bis auf den Tod darnieder und kam von Sinnen.“ WA, Tischreden, Nr. 495, Band 1, S. 220, Zeile 13–15 (Frühjahr 1533).

„Wenn ich hätte vorhersehen können, was mir nun widerfahren ist, hätte ich mich auf keinen Fall hineintreiben lassen.“ WA, Tischreden, Nr. 1206, Band 1, S. 601, Zeile 16f. (Erste Hälfte der dreißiger Jahre). Seine Thesen seien gegen seinen Willen verbreitet worden, schrieb er: Brief vom 5. März 1518 an Christoph Scheurl, WA, Briefwechsel, Nr. 62, Band 1, S. 152, Zeile 7f.

„Zunächst glaube ich sehr, dass mein Name bei vielen in einem üblen Geruch steht." Brief vom 31. März 1518 an Johann von Staupitz, WA, Briefwechsel, Nr. 66, Band 1, S. 160, Zeile 4.

„Mein Gefühl aber auf dem Weg war: ‚Nun muss ich sterben!' Und ich stellte mir den errichteten Scheiterhaufen vor Augen und sagte oft: ‚Ach, welch eine Schande werde ich meinen lieben Eltern sein!' So ängstigte mich das Fleisch." WA, Tischreden, Nr. 2668 b, Band 2, S. 596, Zeile 26–29 (10. bis 28. September 1532).

S. 15

„Es erhebt sich das ganze Papsttum gegen mich als Einzelnen." Vorrede zu Band 1 der Lateinischen Werke, Wittenberg 1545, WA, Schriften, Band 54, S. 181, Zeile 1f.

„Aber ich merke, dass auch das kaiserliche Mandat veröffentlicht worden ist, um mich einzuschüchtern." Brief vom 14. April 1521 an Georg Spalatin, WA, Briefwechsel, Nr. 396, Band 2, S. 298, Zeile 7f.

„Nicht einmal die Papisten, meine Feinde, zerfleischen mich so wie diese meine Freunde, die ohne uns und vor uns nichts waren, sich nicht einmal zu mucksen wagten, nun aber durch unseren Sieg aufgeblasen sind und ihre Aggression gegen uns richten." Brief vom 4. Mai 1527 an Michael Stifel, WA, Briefwechsel, Nr. 1101, Band 4, S. 199, Zeile 8–10. – Zuvor heißt es: „Denn Zwingli hat gegen mich eine so genannte Exegesis geschrieben und einen Brief von eigener Hand hinzugefügt, der voll ist von Hochmut und Verwegenheit. Es gibt kein Verbrechen und keine Grausamkeit, derer er mich nicht anklagt."

„Welch ein Zetergeschrei [...] habe ich angerichtet mit dem Büchlein wider die Bauern! Da ist alles vergessen, was Gott der Welt durch mich getan hat. Nun sind Herren, Pfaffen, Bauern, alles wider mich und dräuen mir den Tod.“ Brief vom 15. Juni 1525 an Johann Rühel, Johann Thür und Kaspar Müller, WA, Briefwechsel, Nr. 890, Band 3, S. 531, Zeile 4–7.

S. 16

„Wenn ich noch eine freien sollte, so wollte ich mir ein gehorsames Weib aus einem Stein hauen; sonst habe ich verzweifelt an aller Weiber Gehorsam.“ WA, Tischreden, Nr. 2034, Band 2, S. 300, Zeile 13–15 (16. Juni bis 14. August 1531).

Er kam zwar zum Ergebnis, „dass mehr Mangel in anderen Frauen sei denn in meiner Käthe“, fügte aber hinzu, „ob sie schon auch etliche hat“. WA, Tischreden, Nr. 49, Band 1, S. 17, Zeile 12f. (Sommer und Herbst 1531).

„Denn auf dem ganzen Weg von Eisenach bis hierher war ich schwach und bin noch schwach auf eine Weise, die ich bisher noch nicht kannte.“ Brief vom 14. April 1521 an Georg Spalatin, WA, Briefwechsel, Nr. 396, Band 2, S. 298, Zeile 6f.

„Heute habe ich nach fünf Tagen wieder Stuhlgang gehabt, doch von so großer Härte, dass ich fast meinen Geist ausgehaucht hätte. Nun sitze ich in Schmerzen wie eine Wöchnerin, zerfleischt und verwundet und blutverschmiert, diese Nacht werde ich nicht einmal ein bisschen Ruhe finden. [...] Ich wäre frei von jeglichen Wunden, wenn mein Leib offen wäre. Was nämlich in vier Tagen heilt, wird schließlich beim Stuhlgang wieder aufgerissen.“ Brief vom 9. September 1521 an Georg Spalatin, WA, Briefwechsel, Nr. 429, Band 2, S. 388, Zeile 28–33.

S. 17

„Summa, ich bin tot gewesen und habe Dich mit den Kindlein Gott befohlen und meinem gnädigsten Herrn, als würde ich Euch in dieser Sterblichkeit nimmermehr sehen." Brief vom 27. Februar 1537 an seine Frau Käthe, WA, Briefwechsel, Nr. 3140, Band 8, S. 51, Zeile 8–10. – Wie ernst es um Luther stand, zeigt der Nachsatz „hat mich Euer sehr erbarmt, aber ich hatte mich dem Grabe beschieden".

„Ich bin gezwungen, kurz zu schreiben, lieber Bucer, da ich die vergangenen 14 Tage krank im Bett gelegen habe, hingestreckt von Qualen an der linken Hüfte, die nicht auszuhalten waren. Ich habe mich kaum davon erholt." Brief vom 25. März 1536 an Martin Bucer, WA, Briefwechsel, Nr. 3001, Band 7, S. 379, Zeile 3–5.

„Ich habe die ganze Nacht im rechten Armmuskel zwischen Achsel und Ellenbogen Qualen gelitten, so dass ich keinen Schlaf finden konnte." Brief vom 26. Februar 1540 an Justus Jonas, Johannes Bugenhagen und Philipp Melanchthon, WA, Briefwechsel, Nr. 3448, Band 9, S. 63, Zeile 13f.

„Als einziges bleibt mir mein Leiblein, schwach und verzehrt von ständigen Beschwerden." Brief vom 30. Mai 1518 an Johann von Staupitz, WA, Schriften, Band 1, S. 527, Zeile 9f.

„Dort strömte das Blut außerordentlich und konnte nicht gestillt werden. Als er selbst seinen Finger darauf drückte, schwoll der Schenkel zu einer außerordentlichen Größe an. [...] Als er in Todesgefahr war, sagte er: ‚Oh Maria, hilf!' – ‚Da wäre ich', sagte er, ‚auf Maria hin gestorben!'" WA, Tischreden, Nr. 119, Band 1, S. 46, Zeile 21–25 (November 1531).

S. 18

„Nicht dass ich den Tod nicht fürchtete (ich bin nämlich nicht der Apostel Paulus, sondern halte nur Vorlesungen über den Apostel Paulus), aber ich hoffe, der Herr wird mich aus meiner Furcht herausreißen." Brief vom 26. Oktober 1516 an Johann Lang, WA, Briefwechsel, Nr. 28, Band 1, S. 73, Zeile 37–39.

„Das Alter ist da, welches an ihm selbst alt und kalt und ungestalt, krank und schwach ist. Der Krug geht so lange zu Wasser, bis er einmal zerbricht. Ich habe lange genug gelebt. Gott beschere mir ein selig Stündlein, darin der faule, unnütze Madensack unter die Erde komme zu seinem Volk und den Würmern zuteil werde. Acht auch wohl, ich habe das Beste gesehen, das ich hab' auf Erden sollen sehen. Denn es lässt sich an, als wollte es böse werden." Brief vom 30. März 1544 an Kurfürstin Sibylle von Sachsen, WA, Briefwechsel, Nr. 3978, Band 10, S. 548, Zeile 11–17. – Über sein Alter klagte Luther auch in einem Brief vom 27. August 1544 an Fürst Johann von Anhalt: „Ich spüre mein Alter und meines Leibes Sinken und Senken hinunter unter der Erden." WA, Briefwechsel, Nr. 4023, Band 10, S. 642, Zeile 7f.

„Dieser Tod hat mich wahrhaftig in Trauer gestürzt. […] Und auch wenn es mich tröstet, dass er schreibt, er sei stark im Glauben an Christus friedlich entschlafen, hat dennoch die Trauer und die Erinnerung an den lieblichen Umgang mit ihm mein Inneres so erschüttert, dass ich wie kaum sonst den Tod verachtet habe. […] Ich kann daher vor Traurigkeit nicht weiterschreiben, denn es ist nur normal und gehört sich, dass ich als Sohn um einen solchen Vater Trauer trage." Brief vom 5. Juni 1530 an Philipp Melanchthon, WA, Briefwechsel, Nr. 1584, Band 5, S. 351, Zeile 22–34.

S. 19

„Sie hat mich außerordentlich traurig zurückgelassen, mit geradezu weiblichen Gefühlen, so werde ich durch mein Jammern um sie bewegt; ich hätte vorher niemals geglaubt, dass die väterlichen Gefühle gegenüber einem Kind so weich werden können." Brief vom 5. August 1528 an Nikolaus Hausmann, WA, Briefwechsel, Nr. 1303, Band 4, S. 511, Zeile 4–6.

„Es ist erstaunlich, wie sehr mich der Tod meiner Magdalena quält, den ich bis heute nicht vergessen kann." Brief vom 3. Juni 1545 an Andreas Osiander, WA, Briefwechsel, Nr. 4122, Band 11, S. 114, Zeile 9f.

„Wer den Schrecken des Gesetzes und die Tröstungen des Evangeliums erfahren hat, der kann gut und glänzend und feurig über diese Dinge sprechen." WA, Tischreden, Nr. 984, Band 1, S. 498, Zeile 20f. (Erste Hälfte der dreißiger Jahre).

„Denn ich kenne die Krankheit wohl […]. Und will Euch auch zeigen, wie mir Gott davon geholfen und mit welcher Kunst ich auch noch täglich mich dawider erhalte." Brief vom 30. April 1531 an Barbara Lißkirchen, WA, Briefwechsel, Nr. 1811, Band 6, S. 86, Zeile 5–10.

Luther als Tröster

S. 22

„Denn ich soll und muss jedermann tröstlich und nicht schädlich sein, will ich ein rechter Christ sein." Brief vom 5. März 1522 an Kurfürst Friedrich, WA, Briefwechsel, Nr. 455, Band 2, S. 456, Zeile 120f.

S. 24

Etliche Trostschrifften vnd predigten, fur die so in tods vnd ander not vnd anfechtung sind. Herausgegeben wurde diese Sammlung erstmals 1545 in Wittenberg von Caspar Cruciger dem Älteren. 1554 wurde sie erweitert und in Jena neu aufgelegt von Georg Rörer. Die erste Auflage enthält fünf Briefe und sechs Predigten und Abhandlungen (darunter die letzte von Friedrich Myconius). In der zweiten Auflage sind auf 132 Doppelseiten fast nur Briefe abgedruckt (Ausnahmen: S. 11–13, 23f., 98–104, 108–110) und auf S. 37–39 ein Brief Crucigers.

Auserlesene Trost-Briefe des Mannes Gottes Martini Lutheri, die er An verfolgte, angefochtene und traurige Personen mit einer recht Evangelischen Feder geschrieben, aus den Deutschen Jenischen Theilen zusammen getragen. Mit Historischen Anmerckungen erläutert. Und mit einer Vorrede von der Gabe zu Trösten herausgegeben von M. Johann Jacob Rambach, Jena 1730.

Paul Scheuerlen: Vom wahren Herzenstrost. Martin Luthers Trostbriefe, Stuttgart, 4. Auflage 1959.

Gerhard Blail: Vom getrosten Leben. Martin Luthers Trostbriefe, Stuttgart 1982.

Luther zum Vergnügen. „Wir sollen Menschen und nicht Gott sein", herausgegeben von Johannes Schilling, Stuttgart 2008.

S. 25

Der „HERR Jesus, der uns heißt untereinander trösten". Brief vom 8. Juli 1544 an Sibylle Baumgärtner, WA, Briefwechsel, Nr. 4009, Band 10, S. 606, Zeile 46.

„Denn Gott hat's befohlen, dass ein Mensch den anderen trösten soll, und will auch, dass der Betrübte soll glauben solchem Trost, als seiner eigenen Stimme. Denn also spricht er durch St. Paulum: Tröstet die Kleinmütigen; und Jesaja 40: Tröstet, tröstet mein Volk und sprecht ihm freundlich zu.“ Brief vom 7. Oktober 1534 an Matthias Weller, WA, Briefwechsel, Nr. 2139, Band 7, S. 104, Zeile 5–9.

„Meine M., Du musst nicht Deinen Gedanken, noch des Teufels Gedanken glauben, sondern uns Predigern, welchen Gott befohlen hat, die Seelen zu unterrichten, zu trösten und zu absolvieren.“ Brief vom 11. Januar 1543 an eine Frau M., WA, Briefwechsel, Nr. 3837, Band 10, S. 240, Zeile 21–23.

Er drückte darin seine Hoffnung aus, dass sie „mit Predigern und Tröstern allenthalben versorgt“ sei. Brief vom 20. Mai 1531 an seine Mutter Margarethe verw. Luther, WA, Briefwechsel, Nr. 1820, Band 6, S. 103, Zeile 9.

S. 26

In elf dieser Predigten und der ersten Passionspredigt stellt Luther gleich zu Beginn die tröstende Kraft des zugrunde liegenden Bibeltextes heraus. Luthers Hauspostille, 1544, WA, Band 52, und zwar die Predigten 35, 40, 45, 51, 64, 69, 79, 81, 82, 84, 94, Passionspredigt 1 (Zählung gemäß S. XII–XXVI).

„Das heutige Evangelium ist ein herrlicher, schöner Trost.“ Predigt am Tag Mathie über Matthäus 2,25–30, Luthers Hauspostille, 1544, WA, Nr. 82, Band 52, S. 616, Zeile 23. – Weiteres Beispiel ist der Beginn der Predigt am Dritten Sonntag nach der Trifeltigkeyt über Lukas 15,1–10: „Das ist der tröstlichsten Evangelien eins“, Nr. 51, Band 52, S. 376, Zeile 17.

S. 27

Vierzehn Tröstungen für Mühselige und Beladene. Diese Schrift erschien auf Lateinisch: Tessaradecas consolatoria pro laborantibus et oneratis, 1520, WA, Schriften, Band 6, S. 99–134. Die Zahl ist an die „14 Nothelfer" angelehnt: Heilige, die damals zum Trost angerufen wurden. Luther präsentierte sieben Übel und Trostmittel dagegen, dann führte er sieben Güter auf.

„Deine Else, lieber Agricola, habe ich gern und mit Freuden aufgenommen. Sie leidet, wie Du siehst, mehr an der Seele als am Körper. Ich tröste sie, so gut ich kann und weiß." Brief von Anfang Juli (?) 1527 an Johann Agricola, WA, Briefwechsel, Nr. 1119, Band 4, S. 219, Zeile 2–4.

S. 28

„Ich bete in der Tat fleißig für Dich." Brief vom 27. Juni 1530 an Philipp Melanchthon, WA, Briefwechsel, Nr. 1605, Band 5, S. 400, Zeile 25 f. Luther beschwerte sich zugleich darüber, dass Melanchthon als „unverbesserlicher Sorgen-Blutegel" sein Gebet nutzlos mache (Zeile 26 f.).

„Ich unterstütze Euch in der Tat fleißig mit Stöhnen und Gebeten, wenn ich es doch auch mit dem Körper könnte. [...] Ich bete für Dich, ich habe für Dich gebetet, und ich werde für Dich beten, und ich bin mir sicher, dass ich erhört werde." Brief vom 30. Juni 1530 an Philipp Melanchthon, WA, Briefwechsel, Nr. 1611, Band 5, S. 412, Zeile 29 f. und S. 413, Zeile 60.

„Wir beten, dass der Herr auch Dein Fleisch trösten möge." Brief vom 26. Dezember 1542 an Justus Jonas, WA, Briefwechsel, Nr. 3829, Band 10, S. 228, Zeile 39 f.

„Nun habe ich nichts, denn mein arm Gebet und tröstlich Wort. Summa, was ich, als armer Theologe, vermöchte und wüsste, das soll in Eurem Dienst treulich erfunden werden.“ Brief vom 7. September 1532 an Johann von Riedesel, WA, Briefwechsel, Nr. 1955, Band 6, S. 354, Zeile 22–24.

„Nun wollt ich über mein Gebet Euch gerne raten und trösten. So ist's mit Schriften in solcher Sache ein schwach Ding, aber doch so viel ich kann, soll ich's nicht lassen, ob Gott Gnade wollt dazugeben.“ Brief vom 30. April 1531 an Barbara Lißkirchen, WA, Briefwechsel, Nr. 1811, Band 6, S. 86, Zeile 6–8.

„Ich hab' vernommen, wie der liebe Gott Vater Euch hat heimgesucht, und Eure liebe Hausfrau von Euch zu sich genommen.“ Brief vom 18. April 1536 an Hans Reineck, WA, Briefwechsel, Nr. 3015, Band 7, S. 399, Zeile 2–4.

S. 29f.
Ebenfalls ihre Ehepartner verloren hatten […] „Bürgerinnen aus Oschatz, um Christi willen vertrieben“.

Die Belege für diese vielen Briefe zu nennen würde hier zu weit führen. Sie finden sich in den Sammlungen von Scheuerlen und Blail (siehe Seite 126).

S. 29
„Es ist mir leid, dass Ihr von Gott mit mehr Krankheit überladen werdet.“ Brief vom 24. November 1534 an Kaspar Müller, WA, Briefwechsel, Nr. 2147, Band 7, S. 117, Zeile 8f.

„Mir ist von guten Freunden angezeigt, wie Euch der böse Feind härtiglich anficht mit Überdruss des Lebens und Begierde des Todes.“ Brief vom 27. November 1532 an Jonas von Stockhausen, WA, Briefwechsel Nr. 1974, Band 6, S. 386, Zeile 4 f.

„Im Übrigen möchte ich wissen, wie es Deiner Seele geht, ob sie endlich ihrer eigenen Gerechtigkeit überdrüssig ist und lernt, in Christi Gerechtigkeit aufzuatmen und sicher zu sein.“ Brief vom 8. April 1516 an Georg Spenlein, WA, Briefwechsel, Nr. 11, Band 1, S. 35, Zeile 15–17.

S. 30

„Ich habe aber mit Freuden gelesen und vernommen, dass Gott Euer Herz, auch durch Mitwirken meiner Schrift, getröstet hat.“ Brief vom 7. Dezember 1532 an Lorenz Zoch, WA, Briefwechsel, Nr. 1978, Band 6, S. 392, Zeile 10 f.

„Ey, wenn ich das nicht glaubte, so tät ich als ein Schalk.“ WA, Tischreden, Nr. 204, Band 1, S. 89, Zeile 28 f. (Ende März 1532).

S. 31

„Ich mache mir hier die furchtbarsten Sorgen und bin die ganze Zeit am Weinen [...] Außer Deinem Trost habe ich nichts, was mich tröstet.“ Philipp Melanchthon in einem Brief vom 26. Juni 1530 an Martin Luther, in: Philippi Melanthonis Opera quae supersunt omnia, herausgegeben von Karl Gottlieb Bretschneider, Band 2, Halle 1835 [im Folgenden: „Philippi Melanthonis Opera“], Nr. 741, S. 140. – Einige Zeilen später (S. 141) bat er Luther, „dass Du antwortest, zum einen, um meine Aktionen zu lenken, zum anderen, um mich zu trösten“.

„Zu keiner Zeit hatten wir mehr Deinen Rat und Deinen Trost nötig, als nun, wo wir uns in den gefährlichsten Verhandlungen befinden.“ Philipp Melanchthon in einem Brief vom 27. Juni 1530 an Martin Luther, in: Philippi Melanthonis Opera, Nr. 745, Band 2, S. 145.

Justus Jonas gab in einem Brief gleich eine doppelte Trostbestellung auf: erstens für Philipp Melanchthon und zweitens für seine eigene Frau nach dem Tod ihres gemeinsamen Sohnes. Justus Jonas in einem Brief vom 12. Juni 1530 an Martin Luther, in: Der Briefwechsel des Justus Jonas, herausgegeben von D. Gustav Kawerau, Band 1, Halle 1884 [im Folgenden: „Der Briefwechsel des Justus Jonas“], Nr. 176, S. 153. – Das Datum ist kein Zufall: 14 Tage später meldete sich Melanchthon selbst (s. o.).

„Es gibt nämlich nichts Angenehmeres für mich als das Gespräch mit Dir, wenn Du da bist, und einen Brief von Dir, wenn Du nicht da bist.“ Justus Jonas in einem Brief vom 12. Juni 1530 an Martin Luther, in: Der Briefwechsel des Justus Jonas, Nr. 176, S. 149.

„Es hat mir Euer lieber Sohn Andreas angezeigt, wie Ihr Euch hoch bekümmert des entwandten Hüttenwerks halber, und darauf begehrt ein Brieflein von mir an Euch.“ Brief vom 23. Mai 1542 an Hans Kegel, WA, Briefwechsel, Nr. 3755, Band 10, S. 69, Zeile 1–3.

„Es hat mir Euer lieber Bruder, Hieronymus Weller, angezeigt, wie Ihr hoch bekümmert seid mit der Anfechtung von der ewigen Vorsehung. Das ist mir wahrlich leid.“ Brief vom 30. April 1531 an Barbara Lißkirchen, WA, Briefwechsel, Nr. 1811, Band 6, S. 86, Zeile 1–4.

A Innerer Trost

S. 36

„Ein Herz voll Freude sieht alles fröhlich an, ein trauriges jedoch alles traurig.“ WA, Tischreden, Nr. 2652 a, Band 2, S. 579, Zeile 9f. (10. bis 28. September 1532).

S. 38

„Ich bitte Dich, der Du in allen anderen Angelegenheiten ein streitbarer Mann bist, auch gegen Dich selbst zu kämpfen, Deinen schlimmsten Feind, der Du dem Teufel so viele Waffen reichst.“ Brief vom 27. Juni 1530 an Philipp Melanchthon, WA, Briefwechsel, Nr. 1605, Band 5, S. 400, Zeile 20f.

S. 39

„Darum, so mache Deines Trauerns ein Maße!“ Brief vom 25. Oktober 1535 an Agnes Lauterbach, WA, Briefwechsel, Nr. 2265, Band 7, S. 305, Zeile 14.

„Gott will, dass wir unsere Kinder lieb haben, und dass wir trauern, wenn sie von uns genommen werden hinweg, doch soll die Traurigkeit mäßig und nicht zu heftig sein, sondern der Glaube der ewigen Seligkeit soll Trost in uns wirken.“ Brief vom 13. Dezember 1544 an Georg Hösel, WA, Briefwechsel, Nr. 4049, Band 10, S. 699, Zeile 17–20.

„Es muss aber (wie gesagt) gestritten sein, und immer von den Gedanken lassen. Fallen sie ein, so lasse sie wieder ausfallen, gleich wie einer flugs ausspeit, so ihm Kot ins Maul fiele.“ Brief vom 30. April 1531 an Barbara Lißkirchen, WA, Briefwechsel, Nr. 1811, Band 6, S. 87, Zeile 53–56. – In diesem Brief gab Luther mehrere Tipps, wie man schlechte Gedanken vertreibt.

„Oh, mein lieber Freund, hier ist es hoch Zeit, dass Ihr Euren Gedanken ja nicht trauet noch folget.“ Brief vom 27. November 1532 an Jonas von Stockhausen, WA, Briefwechsel, Nr. 1974, Band 6, S. 386, Zeile 5–7.

A 1 Trauer zulassen
S. 40

„Und obwohl ich und meine Frau nur fröhlich Dank sagen sollten für ihren so glücklichen Heimgang und ihr so schönes Ende, […] ist dennoch die Macht der Liebe so groß, dass wir es nicht ohne Schluchzen und Klagen des Herzens, ja nicht ohne tiefe Abtötung schaffen.“ Brief vom 23. September 1542 an Justus Jonas, WA, Briefwechsel, Nr. 3794, Band 10, S. 149, Zeile 21 bis S. 150, Zeile 25 (die Zeilen werden seitenübergreifend gezählt).

A 2 Fröhlich sein wollen
S. 42

„Ich, der ich mein Leben mit Trauern und Sauer-Sehen habe zugebracht, suche jetzt und nehme Freude an, wo ich kann.“ Brief vom 23. Mai 1534 an Fürst Joachim von Anhalt, WA, Briefwechsel, Nr. 2113, Band 7, S. 66, Zeile 20f.

A 3 Weniger grübeln
S. 44

„Daher so oft Dir diese Anfechtung zuteil wird, hüte Dich, mit dem Teufel eine Diskussion anzufangen oder diesen tödlichen Gedanken nachzuhängen.“ Brief vom Juli (?) 1530 an Hieronymus Weller, WA, Briefwechsel, Nr. 1670, Band 5, S. 518, Zeile 13–16.

A4 Dankbar sein
S. 46

„Wenn einer das Gute, das er hat, vergliche mit dem Übel, das er nicht hat, der würde schließlich erkennen, welch großen Schatz an Gutem er hat.“ Annotationes in Ecclesiasten, 1532, WA, Schriften, Band 20, S. 13, Zeile 35f.

A5 Auch schlechte Stunden annehmen
S. 48

„Wir können in unserem Leben freilich nicht ohne Beimischung von Üblem nur das Gute genießen, weil das des Guten zu viel wäre.“ Tessaradecas consolatoria pro laborantibus et oneratis, 1520, WA, Schriften, Band 6, S. 120, Zeile 26f.

A6 Die richtige Bedeutung beimessen
S. 50

„Der Heilige Geist weiß nämlich, dass jede Sache eine solche und so große Bedeutung hat, wie man ihr in seiner eigenen Meinung beimisst.“ Tessaradecas consolatoria pro laborantibus et oneratis, 1520, WA, Schriften, Band 6, S. 106, Zeile 28f. (Vorrede). – Es folgt: „Was nämlich für unbedeutend oder für nichts gehalten wird, berührt einen auch wenig, sei es durch die Liebe, wenn es kommt, sei es durch den Schmerz, wenn es geht.“

A7 Auf Leidensgenossen schauen
S. 52

„Gedenkt, dass Ihr's nicht allein seid, die der Teufel betrübt.“ Brief vom 23. Mai 1542 an Hans Kegel, WA, Briefwechsel, Nr. 3755, Band 10, S. 69, Zeile 7.

A 8 Sich größeres Leid vor Augen führen
S. 54

„Denn es gibt genug Menschen, die seelisch wie körperlich härter und schwerer leiden als wir.“ Tessaradecas consolatoria pro laborantibus et oneratis, 1520, WA, Schriften, Band 6, S. 117, Zeile 4f. – Darauf wies Luther häufiger hin, zum Beispiel: „Aber lasst Euch das trösten, dass Euer Leid das größte nicht ist unter Menschenkindern, der viele sind, die hundertmal Ärgeres müssen leiden und vertragen.“ Brief vom 8. Mai 1542 an die Witwe des Johannes Cellarius, WA, Briefwechsel, Nr. 3751, Band 10, S. 63, Zeile 6–8. Dabei führte Luther gern als Beispiel die Leiden Christi an, zum Beispiel: „Und was ist unser Leiden gegen dem, das Gottes Sohn unschuldig, dazu für uns, gelitten hat?“ Brief vom 23. Mai 1542 an Hans Kegel, WA, Briefwechsel, Nr. 3755, Band 10, S. 70, Zeile 17f.

A 9 Das Gute im Schlechten sehen
S. 56

„Aber Gott, dessen Barmherzigkeit unendlich und dessen Weisheit grenzenlos ist – wie viel Gutes hat er doch aus allen diesen Fehlern und Sünden entstehen lassen!“ Brief vom 21. November 1521 an seinen Vater Hans Luther, WA, Schriften, Band 8, S. 574, Zeile 19–21.

A 10 Sich als Beobachter fühlen
S. 58

„Daher bin ich ein fast sorgloser Zuschauer und mache mir nichts aus den drohenden und wilden Papisten.“ Brief vom 30. Juni 1530 an Philipp Melanchthon, WA, Briefwechsel, Nr. 1611, Band 5, S. 412, Zeile 25–27.

A 11 Andere annehmen

S. 60

„Unheilvoll ist nämlich die Gerechtigkeit dessen, der andere mit sich vergleicht und als Schlechtere nicht ertragen will und über Flucht und Trennung nachdenkt, der doch durch seine Geduld und sein Gebet und sein Beispiel gegenwärtig und ihnen von Nutzen sein sollte.“ Brief vom 8. April 1516 an Georg Spenlein, WA, Briefwechsel, Nr. 11, Band 1, S. 36, Zeile 46–48.

A 12 Geduld haben

S. 62

„Es ist ein süßes, liebliches Kräutlein, das heißt Geduld.“ WA, Tischreden, Nr. 3643, Band 3, S. 475, Zeile 4 f. (1. November bis 21. Dezember 1537). – Auch Luther brauchte dieses Kräutlein: „Ich muss Geduld haben mit dem Teufel; ich muss Geduld haben mit den Schwärmern, ich muss Geduld haben mit den Scharrhansen, ich muss Geduld haben mit der Familie, ich muss Geduld haben mit der Käthe von Bora, und der Geduld ist noch so viel, dass all mein Leben nichts anderes sein will denn Geduld.“ WA, Tischreden, Nr. 2173 A, Band 2, S. 347, Zeile 12–16 (18. August bis 26. Dezember 1531).

B Äußerer Trost

S. 66

„Wenn du traurig bist, suche Trost, welchen auch immer. Ich erlaube dir außer offensichtlichen Sünden jeden Spaß, durch den du Erholung suchst, es sei essen, trinken, tanzen, spielen, was es ist.“ WA, Tischreden, Nr. 461, Band 1, S. 201, Zeile 3–6 (Februar 1533).

S. 69

„Manchmal muss man mehr trinken, spielen, Kurzweil treiben bis dahin, dass man eine Sünde begeht aus Hass und Verachtung gegenüber dem Teufel, damit wir ihm keinen Raum geben, dass er uns ein schlechtes Gewissen wegen Kleinigkeiten macht. Sonst werden wir besiegt, wenn wir zu ängstlich aufpassen, dass wir nicht sündigen. Daher, wenn einmal der Teufel sagt: ‚Trinke nicht!', antworte ihm folgendermaßen: ‚Und gerade deswegen will ich erst recht trinken, weil du es verbietest, und ich will umso mehr trinken.'" Brief vom Juli (?) 1530 an Hieronymus Weller, WA, Briefwechsel, Nr. 1670, Band 5, S. 519, Zeile 44–51.

„Aus was für einem anderen Grund meinst Du, dass ich mehr trinke, freimütiger rede, häufiger esse, als um den Teufel zu verspotten und zu quälen, der sich darauf eingerichtet hatte, mich zu quälen und zu verspotten?" Brief vom Juli (?) 1530 an Hieronymus Weller, WA, Briefwechsel, Nr. 1670, Band 5, S. 519, Zeile 51–54.

B 1 Essen und trinken

S. 70

„Ich esse, dass ich gutes Mutes bin. Du gibst mir zu essen, dass ich fröhlich werde, und schenkst mir einen frischen Trunk ein. Auf einem vollen Bauch steht ein fröhliches Haupt." Revisionsprotokoll zum Psalter 1531, WA, Deutsche Bibel, Band 3, S. 17, Zeile 6–8. – So tröstete sich Luther, als ihn das Saale-Hochwasser in Halle festhielt: „Wir nehmen dafür gut Torgisch Bier und guten Rheinischen Wein, damit laben und trösten wir uns dieweil." Brief an seine Frau Käthe vom 25. Januar 1546, WA, Briefwechsel, Nr. 4191, Band 11, S. 269, Zeile 9–11.

B2 Musik hören

S. 72

„Musik ist die beste Erfrischung für einen aufgewühlten Menschen, selbst wenn sie nur auf irgendeine Weise ertönt.“ WA, Tischreden, Nr. 3955, Band 4, S. 32, Zeile 19f. (8. und 14. August 1538).

S. 73

Das macht gute Laune, wie schon König Saul wusste: Wenn er Depressionen hatte, ließ er sich von David etwas auf der Harfe vorspielen. Die Bibel, 1. Samuel 16,23.

B3 Tageslicht suchen

S. 74

„Gott will, dass wir fröhlich sind, und hasst Traurigkeit. Wenn er nämlich wollte, dass wir traurig sind, gäbe er uns nicht die Sonne, den Mond und die anderen Früchte der Erde, die er uns alle zur Freude gibt. Er würde für Finsternis sorgen. Er ließe nicht mehr die Sonne aufgehen oder den Sommer zurückkehren.“ WA, Tischreden, Nr. 124, Band 1, S. 52, Zeile 29–32 (30. November bis 14. Dezember 1531).

B4 Aktiv sein

S. 76

„Darum wollte ich Euer Fürstliche Gnaden, als einen jungen Mann, lieber vermahnen, immer fröhlich zu sein, zu reiten, jagen und anderer guter Gesellschaft sich befleißigen, die sich göttlich und ehrlich mit Euer Fürstliche Gnaden freuen können.“ Brief vom 23. Mai 1534 an Fürst Joachim von Anhalt, WA, Briefwechsel, Nr. 2113, Band 7, S. 66, Zeile 7–10.

B5 Sich trösten lassen

S. 78

„Und doch bin ich in diesen schlimmen Situationen oft erleichtert worden durch das Wort eines Bruders.“ Brief vom 30. Juni 1530 an Philipp Melanchthon, WA, Briefwechsel, Nr. 1611, Band 5, S. 411, Zeile 8f.

B6 Professionelle Hilfe suchen

S. 80

„Meine M., Du musst nicht Deinen Gedanken, noch des Teufels Gedanken glauben, sondern uns Predigern, welchen Gott befohlen hat, die Seelen zu unterrichten, zu trösten und zu absolvieren.“ Brief vom 11. Januar 1543 an eine Frau M., WA, Briefwechsel, Nr. 3837, Band 10, S. 240, Zeile 21–23.

B7 Unter Menschen gehen

S. 82

„Wer aber vom Geist der Traurigkeit gequält wird, der soll sich besonders davor hüten, allein zu sein.“ WA, Tischreden, Nr. 122, Band 1, S. 48, Zeile 3f. (30. November bis 14. Dezember 1531).

B8 Spaß mit anderen haben

S. 84

„Und so oft Dich der Teufel mit solchen Gedanken quält, dann suche umgehend die Gesellschaft der Menschen, oder trink mehr oder spiel etwas, mach etwas Kurzweiliges oder etwas anderes Heiteres.“ Brief vom Juli (?) 1530 an Hieronymus Weller, WA, Briefwechsel, Nr. 1670, Band 5, S. 519, Zeile 42–44.

C Göttlicher Trost

S. 88

„Menschentrost und Gottestrost ist zweierlei: Menschentrost steht in äußerlicher ansehnlicher Hilfe, die man sehen, greifen und fühlen kann; Gottestrost aber steht allein im Wort und Verheißungen, da weder sehen, hören noch fühlen ist." WA, Tischreden, Nr. 1893, Band 2, S. 254, Zeile 16–18 (Aus den dreißiger Jahren).

S. 90

„Was ist die Welt gegen Gott?" Brief von Ende Juli oder Anfang August 1523 an die Christen in Holland, Brabant und Flandern, WA, Schriften, Band 12, S. 78, Zeile 14. – In Sachen „Freundschaft" kam Luther daher zur Schlussfolgerung: „Denn Gott zum Freund haben ist ja tröstlicher, denn aller Welt Freundschaft haben." Brief vom 20. Mai 1530 an Kurfürst Johann, WA, Briefwechsel, Nr. 1572, Band 5, S. 325, Zeile 27–29.

„Das Fleisch hat hier keinen Trost, man muss sich an den Geist halten." Brief vom 26. Dezember 1542 an Justus Jonas, WA, Briefwechsel, Nr. 3829, Band 10, S. 227, Zeile 14f.

„Der Gott alles Trostes". Brief vom 20. Mai 1531 an seine Mutter Margarethe verw. Luther, WA, Briefwechsel, Nr. 1820, Band 6, S. 105, Zeile 99. – Dieser Ausdruck ist seinerseits ein Zitat, und zwar aus der Bibel, Römer 15,5. Weitere Beispiele: Brief vom 20. Mai 1527 an Leonhard Käser, WA, Briefwechsel, Nr. 1107, Band 4, S. 205, Zeile 26, und Brief vom 7. Dezember 1532 an Lorenz Zoch, WA, Briefwechsel, Nr. 1978, Band 6, S. 393, Zeile 43f.

„Wiewohl man das nicht so fühlen kann wie dies, der Glaube fühlt es aber." Brief vom 1. September 1523 an Bartholomäus von Starhemberg, WA, Schriften, Band 18, S. 6, Zeile 14f.

„Aber wir müssen uns kehren mit dem Angesicht an das Unsichtbare der Gnade und nicht an das Sichtbare des Trostes." Brief vom 7. Dezember 1532 an Lorenz Zoch, WA, Briefwechsel, Nr. 1978, Band 6, S. 393, Zeile 24f.

S. 91

„Ihre Krankheit ist nicht, wie man sagt, eine Apothekerkrankheit, noch mit Umschlägen des Hippokrates zu behandeln, sondern mit Pflastern der Schrift und des Wortes Gottes." Brief von Anfang Juli (?) 1527 an Johann Agricola, WA, Briefwechsel, Nr. 1119, Band 4, S. 219, Zeile 6–8.

„Darum, weil Ihr nun Gottes Wort reichlich erkannt habt, hoffe ich, Ihr werdet Euch wohl wissen zu üben, dass Ihr an Gottes Gnade und väterlichem Willen mehr Freude habt, denn der Schmerz sein kann an Eurem Schaden." Brief vom 18. April 1536 an Hans Reineck, WA, Briefwechsel, Nr. 3015, Band 7, S. 399, Zeile 21–23.

„Solches habe ich mit Euch in der Eile, als mit meiner besten Freunde einem, wollen reden, und hoffe, unser lieber Herr Christus werde mit seinem Heiligen Geist Euer Herz gegenwärtig selbst wohl besser trösten." Brief vom 18. April 1536 an Hans Reineck, WA, Briefwechsel, Nr. 3015, Band 7, S. 400, Zeile 31–33. – Entsprechend schrieb Luther: „Christus, aller Betrübten höchster Trost, wolle Euch, wie er wohl kann, auch tun wird, trösten, Amen." Brief vom 23. Mai 1542 an Hans Kegel, WA, Briefwechsel, Nr. 3755, Band 10, S. 69, Zeile 5f.

C 1 Auf Christus schauen

S. 92

„Zum andern wisset Ihr, liebe Mutter, auch das rechte Hauptstück und Grund Eurer Seligkeit, worauf Ihr Euren Trost setzen sollt in dieser und allen Nöten, nämlich den Eckstein, Jesum Christum, der uns nicht wanken noch feilen wird, auch uns nicht sinken noch untergehen lassen kann." Brief vom 20. Mai 1531 an seine Mutter Margarethe verw. Luther, WA, Briefwechsel, Nr. 1820, Band 6, S. 104, Zeile 26–29.

C 2 Auf Gottes Fürsorge vertrauen

S. 94

„Aus unserer Erfahrung erkennen und sehen wir, wie der Herr sich bis zu dieser Stunde um uns gekümmert und uns all das Gute gegeben hat." Tessaradecas consolatoria pro laborantibus et oneratis, 1520, WA, Schriften, Band 6, S. 125, Zeile 22 f.

C 3 Bibel lesen

S. 96

„Solches habe ich jetzt E. K. F. G. in der Eile zum Trost geschrieben. E. K. F. G. wollt es gnädiglich annehmen und sich weiter im Psalter und der Heiligen Schrift, die allerlei Trostes voll ist, ergötzen." Brief vom 15. Mai 1525 an Kurfürst Johann, WA, Briefwechsel, Nr. 867, Band 3, S. 497, Zeile 33–36.

S. 97

Und selbst seine Freunde, die ihm beistehen wollten, bezeichnete er als „leidige Tröster". Die Bibel, Hiob 16,2. Sie zeigten zwar zunächst Mitgefühl, hielten ihm dann aber auch Sünde als Ursache seiner Leiden vor.

C4 Beten
S. 98

„Also, was immer Dir fehlt: Wirf Dich vor dem Herrn Jesus nieder, und bitte ihn darum!“ Brief vom 8. April 1516 an Georg Spenlein, WA, Briefwechsel, Nr. 11, Band 1, S. 36, Zeile 53 f.

C5 Für sich beten lassen
S. 100

„Ich bitte aber darum, dass Du weiterhin im Glauben in Deinen Gebeten an mich denkst, wie auch wir an Dich denken.“ Brief vom 10. November 1539 an Johann Mantel, WA, Briefwechsel, Nr. 3405, Band 8, S. 596, Zeile 11 f.

C6 Vergebung annehmen
S. 102

„Darum sei zufrieden und getrost, Dir ist Deine Sünde vergeben. Darauf verlasse Dich kühn und gehorche allem, was Deine Pfarrherren und Prediger sagen! Verachte ihr Wort und Trost nicht!“ Brief vom 11. Januar 1543 an eine Frau M., WA, Briefwechsel, Nr. 3837, Band 10, S. 240, Zeile 29–31.

C7 Gott Loblieder singen
S. 104

„Denn die Schrift lehrt mich, er höre gerne fröhlichen Gesang und Saitenspiel. Und greift frisch in die Tasten und singt drein, bis die Gedanken vergehen.“ Brief vom 7. Oktober 1534 an Matthias Weller, WA, Briefwechsel, Nr. 2139, Band 7, S. 105, Zeile 28–30.

S. 105

Apropos Himmel, was sagt die Bibel über den Himmel? Einiges, darunter auch, dass wir Gott Loblieder singen werden. Offenbarung 14,3; 15,3.

C8 Sich auf den Himmel freuen

S. 106

„Wir sollen aber den Schmerzen widerstehen und uns mit Erkenntnis der ewigen Seligkeit trösten." Brief vom 13. Dezember 1544 an Georg Hösel, WA, Briefwechsel, Nr. 4049, Band 10, S. 699, Zeile 15–17. – In der Schrift „Tessaradecas consolatoria pro laborantibus et oneratis" (1520) präsentierte Luther als zweites „das künftige oder vor einem liegende Gut" (WA, Schriften, Band 6, S. 122, Zeile 7 f.). Der Tod sei für Christen „Anfang des Lebens und der Gerechtigkeit" (S. 124, Zeile 6).

S. 107

Der Mensch ist ein Hauch, wie es in der Bibel heißt, zum Beispiel in Psalm 39,6; 39,12; 62,10; 144,4. Hiob sagt, sein Leben sei ein Hauch (Hiob 7,7). Im Prediger ist der Begriff „Hauch" ein Schlüsselwort, da es darin um die Vergänglichkeit des Menschen geht. Salomo eröffnet das Buch (1,2) mit der Klage „Alles ist ein Hauch" (oft übersetzt als „eitel" oder „nichtig").

Drei Tipps für Tröster

S. 110

„Solch Euer Traurigkeit und Schmerzen ist mir wahrlich von Herzen leid." Brief vom 10. Januar 1539 an Hans von Taubenheim, WA, Briefwechsel, Nr. 3289, Band 8, S. 352, Zeile 6 f.

S. 112

„Ich schreibe nur kurz, da ich äußerst beschäftigt bin." Brief vom 23. Mai 1528 an Justus Menius, WA, Briefwechsel, Nr. 1274, Band 4, S. 469, Zeile 1.

S. 113

„Billig nach der Liebe recht weh tun" müsse der Tod der lieben Ehefrau. Brief vom 18. April 1536 an Hans Reineck, WA, Briefwechsel, Nr. 3015, Band 7, S. 399, Zeile 4.

„Es ist mir Euer Unfall sehr leid, kann's wohl glauben, dass solch Scheiden Euch weh tun muss, wäre auch nicht gut, wenn's Euch nicht weh täte, denn das wäre ein Zeichen kalter Liebe." Brief vom 8. Oktober 1544 an Eva verw. Schulz, WA, Briefwechsel, Nr. 4034, Band 10, S. 664, Zeile 4–6.

„Wie ist mir Eure Traurigkeit und Unfall so herzlich leid, das weiß Gott, der mein Seufzen sieht und hört." Brief vom 8. Juli 1544 an Sibylle Baumgärtner, WA, Briefwechsel, Nr. 4009, Band 10, S. 605, Zeile 4f. – Vergleichbar: „Was ich schreiben soll, weiß ich gar nicht, so sehr hat mich dieser Dein plötzlicher Unfall niedergeschlagen." Brief vom 26. Dezember 1542 an Justus Jonas, WA, Briefwechsel, Nr. 3829, Band 10, S. 227, Zeile 4f.; und: „Ich leide nämlich mit Dir, Christus leidet mit uns beiden und allen." Brief vom 23. Mai 1528 an Justus Menius, WA, Briefwechsel, Nr. 1274, Band 4, S. 469, Zeile 6f.

„Ich bin auch ein Vater und habe meiner Kinder etliche sterben sehen, auch anderes größeres Elend, denn der Tod ist, gesehen und weiß, dass solche Sachen weh tun." Brief vom 13. Dezember 1544 an Georg Hösel, WA, Briefwechsel, Nr. 4049, Band 10, S. 699, Zeile 13–15.

Über Meistertricks

Die Trostkiste ist nun ausgeräumt. Luther und ich hoffen, dass es Ihnen besser geht! Wie wäre es jetzt mit Tipps und Tricks zu anderen Themen?

„Ich bringe Sie voran – mit Geist, Witz und Salomo."

Ralf Lengen

Ich will Sie voranbringen

Die Meister wissen, worauf es ankommt, ob beim Schreiben, Reden, Managen, Kritisieren oder Verhandeln. Und im Leben! Ihre Tricks erfahren Sie in meinen Seminaren und Büchern. Ich freue mich darauf, Sie voranzubringen – mit Geist, Witz und Salomo.

Über mich

Ich liebe die Meister! Schon als Schüler habe ich mich mit ihnen beschäftigt: Salomo und Cicero, Thomas Mann und Loriot. Studiert habe ich Griechisch, Latein, Deutsch, Geschichte in Münster, Bologna, Freiburg und Pittsburgh (PA). Thema meiner Dissertation war der Stil des Aristoteles. Ich habe zwei Jahre als Radio-Redakteur gearbeitet und für mehrere Zeitungen geschrieben, darunter die „Frankfurter Rundschau" und die „Berliner Zeitung". 2003 habe ich mich mit einer Kommunikationsagentur selbständig gemacht und dann schrittweise mein Seminargeschäft aufgebaut.

Ich bin verheiratet und habe vier Kinder. Was mache ich am liebsten außer zu lesen und in Antiquariaten nach Büchern zu suchen? Kochen, bevorzugt Spaghetti carbonara all' italiana.

Lesen Sie auch

Noch mehr Tricks von noch mehr Meistern

Die Edition Meistertricks präsentiert Ihnen den Erfahrungsschatz von Schriftstellern, Philosophen, Theologen, Künstlern, Erfindern, Ärzten, Geschäftsleuten, Sportlern und auch Königen.

Vernetzen Sie sich mit den Meistern

Sie möchten sofort informiert werden über die neuesten Tricks der Meister, Termine und Neuerscheinungen? Dann abonnieren Sie unseren Newsletter auf www.meistertricks.de, oder folgen Sie unseren Social-Media-Kanälen.

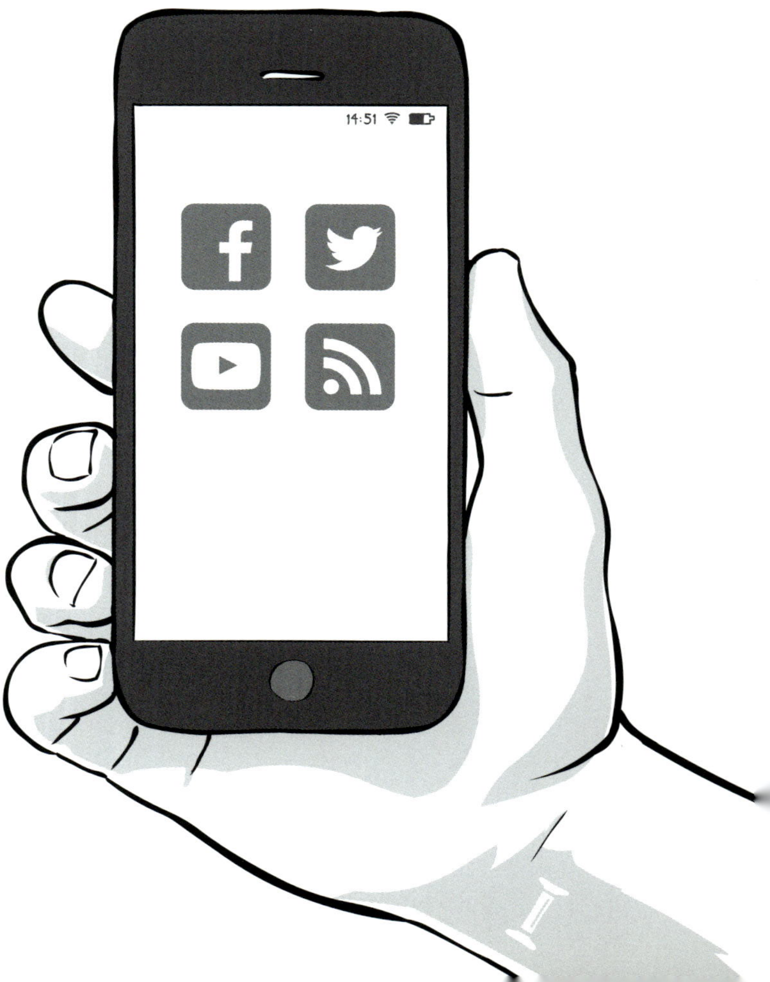

Alexander der Große	Johann Heinrich Pestalozzi	Charles de Montesquieu	Matthias Claudius	Madame de Pompadour	Thukydides	Ernest Henry Shackleton	Katharin die Gro
Sebastian Kneipp	Marc Aurel	Lew Nikolajewitsch Tolstoi	Sepp Herberger	Sophokles	Jorge Luis Borges	Dietrich Bonhoeffer	Johan Sebasti Bach
Wilhelm von Humboldt	Franz Liszt	Werner von Siemens	Carl Hagenbeck	John D. Rockefeller	Galileo Galilei	Sarah Bernhardt	Ovid
Robert Bosch	Jean Paul	Carmen Sylva	Saadi	Coco Chanel	Pablo Picasso	Immanuel Kant	Hans Christia Anders
Maria Stuart	Wolfgang Amadeus Mozart	Dante Alighieri	Wilhelm Conrad Röntgen	Cicero	Friedrich Schiller	Winston Churchill	Otto Lilientl
Paula Modersohn-Becker	Jean Paul Getty	Sissi	Adolph Freiherr von Knigge	Charlotte von Stein	Napoleon Bonaparte	Friedrich Wilhelm Raiffeisen	Johan Wolfga von Goe
Kurt Tucholsky	Max Reinhardt	Blaise Pascal	Baltasar Gracián	Franz Kafka	Francis Bacon	Karl May	Alfre Hitchc
Carl Hilty	Arthur Schopenhauer	Christiaan Barnard	Frédéric Chopin	Erasmus von Rotterdam	Henriette Davidis	Honoré de Balzac	Adan Smitl
Auguste Rodin	Benjamin Franklin	Bertha von Suttner	Homer	Antoni Gaudí	Fjodor Michailowitsch Dostojewski	Jane Austen	Michelar
Victoria	Friedrich Fröbel	Theodore Roosevelt	Karl V.	Helen Keller	Adolph Kolping	Leopold von Ranke	Gotth Ephra Lessi